ELISABETH SCHULZ

Gnade ist immer trotzdem

ELISABETH SCHULZ

Gnade ist immer trotzdem

Als Christin homosexuell?
Eine Suche nach Antwort

neukirchener

Aus Gründen der besseren Lesbarkeit werden bei Personenbezeichnungen entweder die männliche oder die weibliche Form verwendet. Diese verkürzte Form beinhaltet keine Wertung. Jede und jeder kann das Gesagte für sich mitempfinden.

MIX
Papier aus verantwortungsvollen Quellen
FSC® C014496

Bibliografische Information der Deutschen Nationalbibliothek:
Die Deutsche Nationalbibliothek verzeichnet diese Publikation in der Deutschen Nationalbibliografie; detaillierte bibliografische Daten sind im Internet über http://dnb.d-nb.de abrufbar.

Gesamtgestaltung: Miriam Gamper-Brühl, 3Kreativ, Essen
unter Verwendung von Bildern © Sloth Astronaut (Shutterstock.com)
Lektorat: Hauke Burgarth, Pohlheim
Verwendete Schrift: FF Scala, Scala Sans
DTP: Breklumer Print-Service, www.breklumer-print-service.com
Gesamtherstellung: GGP Media GmbH, Pößneck
Printed in Germany
ISBN 978-3-7615-6788-3 (Print)
ISBN 978-3-7615-6789-0 (E-Book)

www.neukirchener-verlage.de

Inhaltsverzeichnis

Vorwort

Während des ersten Lockdowns stand ich als evangelischer Pfarrer in der Jakobikirche in Lippstadt für seelsorgerliche Anliegen zur Verfügung. Es suchte mich eine Frau auf, der ich bis dahin nur flüchtig begegnet bin. Ich wusste, dass sie in eine Freikirche geht, und hatte schon erlebt, wie beeindruckend und erfrischend sie ihren Glauben an Jesus lebte. Ihr Name: Elisabeth Schulz.

Ob ich mir vorstellen könne, das erste Kapitel ihres Buches zu lesen, das ausschließlich der Selbstklärung diene und von dem sie noch gar nicht wisse, ob sie es am Ende überhaupt fertigstellen würde. Schon ein flüchtiger Blick ins Manuskript zeigte mir: Ausgangspunkt ist ihre homosexuelle Orientierung, von der ich vorher nichts wusste. Sie war es, die buchstäblich infrage stand. Und Elisabeth wollte wissen, wie sich diese Orientierung aus theologischer Sicht darstellt. Kommt ein homosexueller Mensch in die Hölle, also an Dantes Ort „der wandellosen Bitternisse"? Wie verhält sich Homosexualität zum Wesenskern der Sünde? Kann man bzw. frau Christ und zugleich homosexuell sein? Ist es möglich, dass sich ein homosexueller Christ – wie jeder andere Christ auch – als von Gott geliebt und zur Mitarbeit in seiner Gemeinde und an seiner Welt berufen und befähigt versteht, und zwar ohne das Gefühl, bloß ein Christ zweiter oder dritter Klasse zu sein?

Diese Fragen waren für mich bis dahin eher abstrakt gewesen. Nun bekam ich sie als „theologischer Flügelmann“ aus der Sicht einer Person vor Augen geführt, der die biblisch fundierte Gottesbeziehung über alles geht, der Jesus wirklich am Herzen liegt, für die der Heilige Geist eine lebensbestimmende Realität ist, und die sich auf der anderen Seite mit der Tatsache auseinandersetzen muss, dass Homosexualität etwas ist, das unausblendbar zu ihrer Persönlichkeit dazugehört, weil sie ihr Selbstverhältnis, ihre Sehnsucht, ja ihr Sein mit ausmacht. Eine Erkenntnis, zu der sie gerade deshalb kam, weil alle Versuche, hier etwas zu ändern, vom persönlichen Gebet bis hin zu Konversionstherapieversuchen, allesamt kläglich gescheitert sind.

Herausgekommen ist jetzt ein Buch, in dem Elisabeth zunächst einmal sich selbst Rechenschaft gibt, wie sie auf die oben skizzierten Fragen Antworten gesucht hat. Darüber hinaus gibt diese ergebnisoffene Auseinandersetzung aber auch anderen Menschen die Möglichkeit, Zeugen von Elisabeths ganz persönlichem Ringen zu werden und sich mit ihren Fragen und Antworten auseinanderzusetzen – ob als persönlich Betroffene oder Interessierte.

Elisabeth tritt mir im Buch als eine leidenschaftliche Leserin von Gottes Wort entgegen, die gerade den schweren und dunklen Passagen der Bibel, wie etwa den Ausführungen des Paulus im Römerbrief zum Gesetz oder der Geschichte von der Heilung des Blindgeborenen im Johannesevangelium, in existenzieller Perspektive, das heißt in dem Wissen, dass es um sie ganz persönlich geht, auf den Grund zu kommen versucht.

Man spürt ihrem Buch auf Schritt und Tritt auch die studierte Juristin ab, die sich in der kontroversen Diskussionslage sowie der einschlägigen Literatur zum Thema gründlich auskennt, sich durch logischen Scharfsinn auszeichnet und auf klare Begrifflichkeit pocht. Der „archimedische Punkt" des Buches besteht aber, theologisch gesprochen, in dem Wissen um den Vorrang des Evangeliums gegenüber dem Gesetz. Das schlägt sich direkt im Titel nieder: „Gnade ist immer trotzdem". Und darin kommt die fundamentale Überzeugung zum Ausdruck, dass der Gott, der sich in Jesus Christus offenbart, und an den die Kirche glaubt, ein Gott ist, der den Menschen voraussetzungs- und bedingungslos liebt und ihm unabhängig von aller sexuellen Orientierung eine unverlierbare Würde schenkt.

Ich nehme in dem Buch zwei Gesprächspartner wahr, mit denen sich Elisabeth faktisch auseinandersetzt. Da ist zum einen der – vielleicht etwas vorschnell – als fundamentalistisch oder evangelikal apostrophierte Standpunkt, der aus bestimmten Stellen der Bibel den Schluss zieht, praktizierte Homosexualität ziehe den Bruch und Verlust der Gottesbeziehung nach sich. Da ist zum anderen aber auch eine gewisse Laissez-faire-Haltung, die mit dem breiten, medialen Strom schwimmt und – mit dem Hinweis auf die alles überflügelnde Kraft der „Liebe" – gewichtige Passagen der Bibel wie etwa den Schöpfungsbericht ausblendet und schon den Ansatz einer Differenzierung zwischen einer homosexuellen und einer heterosexuellen Beziehung ablehnt und skandalisiert.

Die Größe von Elisabeths Buch erblicke ich darin, dass diesen beiden Positionen gegenüber ein anderer und besserer, eben ein dritter Weg aufgezeigt wird. Ich denke an homosexuelle Christen, die in kirchlichen, aber auch familiären und gesellschaftlichen Kontexten „die Hölle auf Erden" erleben und sich nach einem Ausweg sehnen, ohne ihr Christsein preisgeben zu müssen. Hier kann das Buch seine heilende und segensreiche Kraft entfalten. Ich bin überzeugt, dass auch diejenigen Menschen von dem Buch profitieren, die nicht homosexuell sind, sich aber orientieren wollen und das direkte Gespräch mit denjenigen suchen, die das Thema in der Tiefe betrifft.

Ich wünsche dem Buch, dass es sich angesichts einer Kontroverse, die schon Gemeinden zerrissen hat, einen Weg in die Herzen der Menschen bahnt. Dass es festgefahrene Positionen auflöst und als Brücke wirkt. Dass es Mut macht, sich auf die Suche nach Antworten zu machen. Und dass es zur Erfahrung beiträgt, dass Gott kein erhobener Zeigefinger ist, sondern jemand ganz anderes.

Pfarrer Dr. Roland Hosselmann, im August 2021

I. Zwischen den Fronten

Homosexualität (praktiziert oder nicht) ist in vielen christlichen Gemeinden nach wie vor *der* Inbegriff von Sünde.[1] Gibt man bei christlichen Verlagshäusern online das Wort Sünde als Suchbegriff ein, erscheint unter den ersten Titeln ein Buch über Homosexualität (Stand Mai 2020), ohne dass sich das Wort „Sünde“ im Buchtitel befindet.

Nach vielen Jahren des Nachdenkens, Betens, Flehens und Erlebens komme ich zu dem Kernpunkt, dass wir uns die Beurteilung, ob etwas Sünde ist oder nicht, sehr oft sehr einfach machen – aus Gewohnheit, Unwissen, Faulheit, Lieblosigkeit, Verbohrtheit, Selbstüberschätzung und auch Überforderung. Meine Vermutung ist, dass es essenziell wichtig sein könnte, das Wesen der Sünde an sich zu kennen und zu verstehen, um sie auch zu erkennen – nicht nur auf das Thema der Homosexualität bezogen, aber eben auch da.

---

1 Dabei ist mir bewusst, dass „die eine christliche Gemeinde“ nicht existiert, sondern es durch die ganze Kirchen- und mittlerweile auch Freikirchenlandschaft sehr unterschiedliche Haltungen dazu gibt. Spreche ich also von Gemeinde, meine ich mein gewohntes, auch in vielem geliebtes, überwiegend als evangelikal zu bezeichnendes Gemeindeumfeld.

In der aktuellen Literatur der beiden Pole – pro und kontra Homosexualität, in welcher Ausformung auch immer – wird das Wesen der Sünde jedoch nicht erarbeitet oder nur am Rande gestreift.

Der Pol „kontra Homosexualität“ setzt die Sündhaftigkeit (gelebter) Homosexualität voraus, während der Pol „pro Homosexualität“ die Bewertung von Homosexualität als Sünde schlussendlich ablehnt; eine schlüssige Begründung liefern jedoch beide Seiten für ihre Auffassungen nicht. Während „kontra Homosexualität“ damit argumentiert, dass es eindeutige und allseits bekannte Bibelstellen gegen praktizierte Homosexualität gebe und darüber hinaus Gott den Menschen als Mann und Frau geschaffen habe, weshalb Homosexualität wider die Schöpfungsordnung Gottes stünde, argumentiert „pro Homosexualität“ dahingehend, dass der biblische Befund zur praktizierten Homosexualität nichts mit andauernden, treuen Liebesbeziehungen zwischen gleichgeschlechtlichen Partnern zu tun habe und es Anomalien verbreitet in Gottes ganzer Schöpfung gebe, die ebenfalls unter dem Ja der Liebe Gottes stünden. Dass Gott es zumindest zulässt, dass ein Mensch sich als homosexuell empfindet, widerspräche der Barmherzigkeit und Liebe Gottes, wenn Gott im gleichen Atemzug diesem Menschen auferlege, enthaltsam zu leben und im Übrigen seine Gefühle für das gleiche Geschlecht als widerwärtig (ein Gräuel) oder zumindest als krankhaft und möglicherweise heilbar, jedenfalls als nicht schöpfungskonform zu bewerten.

Beide Pole überschneiden sich in ihrer Ausgangsposition: Man kommt nicht um den Eindruck herum, dass Streitschriften lediglich zur Bestätigung eines bereits festgelegten Ziels zu Papier gebracht werden und von den Autoren nicht etwa mit einem offenen Ergebnis angegangen werden. Die äußeren Ränder der beiden Pole stehen sich nach wie vor sehr verhärtet gegenüber. Es ist als Betroffene kaum auszuhalten, zwischen diesen Fronten zu stehen. Denn mir gelingt es auch nach Jahren nicht, mich einem Pol zuzuordnen. Gerade von der sich als bibeltreu darstellenden Kontra-Seite sind in den sozialen Medien so viel Anfeindung, hässliche Beschimpfungen, Verwünschungen und gottloses Gerede zu lesen, dass sich einem der Magen zusammenzieht. Auf der Pro-Seite könnte man wiederum eine Beliebigkeit beklagen, die unter der rhetorischen Frage „Kann denn Liebe Sünde sein?" alles als gottgewollt bezeichnet.

Mit diesen Gedanken im Blick mache ich mich selbst auf die Suche. Ich will – soweit das möglich ist – unvoreingenommen an diese Fragestellung nach der Sünde in Bezug auf Homosexualität herangehen. Vorhanden ist lediglich das, was ich aus 34 Jahren „christlicher Biografie", leben und kämpfen mit Gott an Erfahrung gesammelt habe. Um diese Erfahrungen soll es aber nur in zweiter Linie gehen. Ich kann sie nicht außen vor lassen, sind doch mein Glauben und Denken und Fühlen Ergebnis auch all meiner Erfahrungen und gewonnenen Überzeugungen. Vielmehr will ich aber den Kern, den biblischen Befund zur Sünde und ihrem Wesen verstehen und daran – in allererster Linie für mich selbst – herausfinden, ob praktizierte Homosexualität Sünde ist. Dabei werde ich nicht umhinkommen, praktizierte Homosexualität an sich zu betrachten, zu hinterfragen, was das eigentlich ist, welche Ausgestaltungen sie hat und ob dieser Begriff im Zweifel nicht eine Blase aus der Kontra-Ecke ist, die vor allem mit Nichtwissen gefüllt ist. So jedenfalls meine Ausgangsvermutung. Ob es auf Wissen ankommt, wenn es um das Wesen der Sünde geht, hoffe ich auch herauszufinden.

Aber warum überhaupt? Warum ist das für mich so wichtig? Mein Konfirmationsvers steht in Matthäus 10,39, wo Jesus sagt: „Wer sein Leben erhalten will, wird es verlieren; wer aber sein

Leben um meinetwillen verliert, wird es finden." Diesen Vers habe ich selbst gewählt, in dem Wissen und der klaren Entscheidung, so leben zu wollen. Er bedeutet für mich, dass nichts, was sich in meinen Umständen befindet, noch etwas, das in meinem Innersten ist (sei es von Geburt an oder im Nachhinein hinzugekommen) über meinem Leben mit Jesus steht. Bereit zu sein, alles, auch mein Tiefstes und meine Sehnsüchte, für ihn aufzugeben – das war die Grundentscheidung, die ich damals getroffen habe. Ich bin seitdem viele Umwege gegangen und in den letzten Jahren gerade über die „homosexuelle Identitätsfrage" zu dieser Entscheidung von damals und zu der Überzeugung, mein Leben daran auszurichten, zurückgelangt. In allem, was ich bin und was ich mir wünsche, bin ich abhängig von Jesus und hänge bewusst an seiner Barmherzigkeit. Das gilt meinem Empfinden nach gerade für mich, die ich als homosexuell empfindende Frau in den meisten der mir nahen Kirchen und Gemeinden hier auf der Erde keinen Raum und keinen Zuspruch erhalte. Mir ist bewusst, dass das Ergebnis meiner Ausarbeitung darüber entscheidet, ob ich in dem Gemeindeumfeld, in dem ich mich befinde (und aufgewachsen bin), bleiben kann. Das wäre dann der Fall, wenn ich zu dem Ergebnis komme, dass jedenfalls gelebte Homosexualität Sünde ist. Das betrifft nicht nur meine Gemeinde und damit mein engstes soziales Umfeld, meinen Lebensrahmen, sondern auch meine Herkunft, meine Familie. Einige werden ein anderes als dieses Ergebnis – mit welchen Folgen für unsere Beziehung auch immer – nicht akzeptieren. Das klingt dramatisch – und ist es auch, nicht nur für mich. Viele, die in diesem Kampf stehen, entscheiden sich weniger aus Überzeugung als aus Resignation entweder für die eine oder für die andere Lebensweise. Und mit der Zeit, wenn sie Glück haben, passt sich ihre innere Überzeugung ihrer Lebensweise an – oder es zerreißt sie irgendwann.

Entweder sie werden zerrissen durch die sich vielleicht nicht erfüllende Hoffnung, dass ihre Sexualität sich mit der Zeit „zum Guten" verändern würde und sie dadurch gleichwertiges Geschwisterkind unter Christen sein können. Denn, bei allen Bestrebungen, die es auch mittlerweile in evangelikalen Kreisen gibt: Gleichwertig ist der homosexuell empfindende Mensch in der Gemeinde Christi nicht. Dabei rede ich noch nicht von Menschen, die in homosexuellen Beziehungen leben, sondern von dem Umstand, dass homosexuelles Empfinden (insbesondere unter Männern) als widerwärtig, pervers und krankhaft gesehen und bewertet wird. Die meisten frommen Männer weichen vor einem schwulen Bruder ausdrücklich körperlich zurück. Weibliche Homosexualität wird daneben als ein Wunsch nach tiefer Mädchenfreundschaft belächelt und abgetan, wobei gerade Christinnen, denen man im freundschaftlichen oder auch seelsorgerlichen Gespräch die eigenen homosexuellen Empfindungen anvertraut, häufig davon ausgehen, sie seien direkt auch Adressat dieser Empfindungen. Bereits an diesen Reaktionen auf schwule und lesbische Empfindungen zeigt sich eine hohe Selbstbezogenheit derjenigen, die von diesem Thema nur tangiert werden. Der auch in evangelikalen Kreisen nun aufkommende Gedanke, den homosexuell empfindenden Bruder oder die homosexuell empfindende Schwester genauso zu integrieren, solange sie eben ihre Homosexualität nicht leben, ist ein frommer Wunsch, der jedenfalls zurzeit nichts mit der tatsächlichen Realität in den Gemeinden und christlichen Kreisen zu tun hat. Vom Umgang mit Menschen, die in homosexuellen Beziehungen leben oder das befürworten, möchte ich hier gar nicht erst anfangen ...

Oder aber sie werden zerrissen durch die ungeklärte Fragestellung, ob Gott wirklich mit der gelebten Homosexualität leben kann. Denn der oft gehörte Vorhalt, gelebte Homosexualität führe direkt in die Hölle (und das ist nicht überspitzt ausgedrückt!), kann schwerlich vollständig abgestreift werden. Mit diesem Damoklesschwert zu leben und es nicht abschließend, so viele gute Argumente es auch geben mag, entfernen zu können, kann einen Menschen zutiefst verzweifeln lassen. Es ist nicht lange her, dass mir eine befreundete evangelische Theologin sagte, dass der „Geist der Homosexualität ein Dämon" sei. Auf die Nachfrage, ob ich in ihren Augen also von einem Dämon besessen sei (wohlgemerkt nicht in einer homosexuellen Beziehung lebend), kam nur aus gepresster Nächstenliebe ein zögerndes: „Ich weiß es nicht" anstatt des eigentlich gemeinten: „Ja". Diese Begegnung ist einer der Gründe, die mich letztendlich an den jetzigen Punkt geführt haben, dringend eine Antwort zu suchen. Es ist bei Weitem nicht das erste Mal gewesen, dass mir die Hölle in Verbindung und als Folge homosexuellen Empfindens und Lebens vor Augen geführt worden ist – mit dieser Aussage bin ich aufgewachsen –, aber dieses Gespräch war aufgrund der Beziehung, die wir zueinander hatten der Gipfel, der berühmte Tropfen in das überfüllte Fass.

In diesem Moment befinde ich mich an der Weggabelung, von dem einen oder von dem anderen möglichen Lebensweg zerrissen zu werden. Die Aussicht ist denkbar düster. Von daher entsteht in mir die Sehnsucht nach einer Antwort, die nicht zerreißt, sondern Zerbrochenes heilt; einer Antwort, die eine Zukunft hat. Dabei bin ich mir zum Jetztzeitpunkt nicht sicher, ob es diese Antwort geben wird, aber ich bete, dass Jesus in seiner Barmherzigkeit Klarheit und Wegweisung schenkt. In dem Wissen, weil ich es erfahren habe, dass er mir alle Dinge zum Guten dienen lassen kann (so auch Paulus in Römer 8,28), will ich mit jeder Antwort leben und sie, wenn ich sie zu meiner eigenen Überzeugung erhalten habe, auch vertreten. Letzteres mag selbstverständlich klingen, ist es aber nur in dem Fall, dass ich zu dem Ergebnis komme, dass gelebte Homosexualität Sünde ist. Sollte ich zu einem anderen Ergebnis kommen, gebe ich in dem Fall, dass ich diese Haltung vertrete, mein geistliches Zuhause, meine Gemeinde und mein nahes soziales Umfeld auf und riskiere auch Beziehungen innerhalb meines engsten Familienkreises.

Aber das erlebe ich als Abhängigkeit von Jesus. Ich will darauf vertrauen und innigst hoffen, dass er überhaupt eine Antwort schenkt und dass er dann auch den Umgang mit ihr und ihren Folgen – für mich und andere – vorbereitet. Denn eine Antwort auf eine an Gott gerichtete Frage bleibt nie nur in der Theorie, sondern muss ins Leben. Was auch immer das für meine Frage bedeuten mag.

Warum mache ich mir diesen massiven inneren Stress, eine Antwort auf die Frage nach der Sünde zu finden? Mit dem Damoklesschwert der Hölle nicht leben zu können und zu wollen, ist sicherlich nachvollziehbar. Aber ich könnte doch auch den „sicheren" Weg der Ehelosigkeit beschreiten. Dass das als Entscheidung kein einfacher Weg ist, setze ich als bekannt voraus – wird es auch häufig so nebenbei von uns homosexuell empfindenden Menschen verlangt, wobei die Verlangenden in der Regel heterosexuell verheiratet sind und vielleicht gerade aufgrund ihres eigenen Eheerlebens die Ehelosigkeit als einen durchaus erstrebenswerten Weg ansehen. Dass das nicht nur polemisch gemeint ist, wird sich später noch niederschlagen. Ein Leben auf dem scheinbar sichersten Weg, aber ohne Antwort auf brennende Fragen, ist für mich allerdings erst akzeptabel, wenn ich tatsächlich keine Antwort finde. Denn das Leben auf dem sichersten Weg fühlt sich für mich an wie ein Leben, das von Angst vor der Hölle und Gottes Gericht bestimmt wird. Darauf will ich mein Leben nicht aufbauen, sondern auf die Kraft der Auferstehung Jesu. Die Antwort auf meine Frage kann so oder so ausfallen – und ja, vielleicht bekomme ich auch keine Antwort –, aber wenn ich nicht einmal danach suchen würde, würde ich mir Faulheit vorwerfen und auch ein Zurückschrecken vor Auseinandersetzungen, vor dem, was die Antwort für mich bedeuten könnte. Ein Leben auf dem sichersten Weg wäre angstgesteuert und steht für mich dem Wort Jesu entgegen, der selbst gesagt hat, dass er der Weg, die Wahrheit und das Leben ist (Johannes 14,6). Bereits der Psalmist sah in der Wahrheit Gottes keine Gefahr, keine lieblose Entblößung schambehafteter Umstände, sondern er bezeichnete sie als seinen Schirm (Psalm 91,4 nach Luther 2017). Die Wahrheit Gottes ist ein Schutz vor meinen eigenen subjektiven Vorstellungen und Zuschreibungen und auch vor den Vorstellungen anderer über mich. Bei Jesus finde ich diese Wahrheit. Das hat er versprochen. Und die Wahrheit wird mich frei machen, auch das hat er versprochen (Johannes 8,32). Alles Denken und das Bearbeiten dieser Fragestellungen unternehme ich in dem Glauben und der Hoffnung, dass Jesus diese beiden Versprechen wahr macht. Nicht mehr. Aber auch ganz bestimmt nicht weniger.

II. Glaubenssätze zum Wesen der Sünde

Um sich überhaupt mit dem Thema Sünde auseinanderzusetzen, möchte ich erst einmal klären, warum es überhaupt für mich erforderlich ist, die Frage nach der Sünde zu stellen und zu lösen. Daher – ohne sie zur Diskussion zu stellen, sondern sie als Grundannahmen voranzustellen – will ich vorab meine jetzige Auffassung zur Bedeutung von Sünde an sich darstellen. Es geht mir dabei noch nicht um die Frage nach homosexuellem Empfinden oder Leben, auch nicht um anderes möglicherweise sündhaftes Verhalten im Konkreten, sondern um das Wesen der Sünde ihrem Grunde nach. An dieser Stelle betreibe ich bewusst kein Bibelstudium, um das „Richtige" hier hinzuschreiben, sondern ich will meine gewachsenen Überzeugungen zum Beginn des Schreibens festhalten, auch, um sie während und nach meiner Ausarbeitung auf ihre Standhaftigkeit hin zu überprüfen. Ich glaube, dass sie sich im Laufe der Ausarbeitung im biblischen Befund wiederfinden und begründen werden – jedenfalls im Grundlegenden. Sollte das Gegenteil der Fall sein, gilt Folgendes auch für mich: Für wen Sünde heute keine Bedeutung mehr hat, für den haben auch sämtliche Überlegungen, die ich mir hier mache, und auch schon die Fragestellung an sich keinerlei Bedeutung.

Sünde ist real

Erstaunlich, dass Sünde noch nicht zum Unwort des Jahres gewählt worden ist. Das mag einerseits den Grund haben, dass das Wort und seine Bedeutung so unbeliebt sind, dass es nicht einmal zum unbeliebtesten Wort gewählt wird (das wäre ja auch irgendwie eine Ehrung). Andererseits wird die Existenz von Sünde bis in die Kirche hinein schlicht negiert, weil sie so unangenehm ist. Und sie schwindet daher nach und nach aus dem Wortschatz. Sicherlich nicht unbeteiligt an dieser Entwicklung sind wir Christen, die mit dem Begriff der Sünde um sich warfen und werfen, um uns von Andersdenkenden innerhalb und außerhalb unseres Umfelds zu distanzieren und auch positiv hervorzuheben. Sich selbst aufzuwerten, indem man andere abwertet – auch dazu wurde und wird der Begriff der Sünde gerne von Christen genutzt. Auch untereinander. Meiner Auffassung nach geschieht dies oft in dem Unwissen über das Wesen der Sünde, was sie ist und was sie auch nicht ist. Dass mit dem Begriff der Sünde viel Schindluder getrieben wurde, führt heute auch in frommen Kreisen wiederum dazu, dass Sünde reuig verschwiegen oder verniedlicht bis beschönigt wird. Es erscheint so hart, jemanden auf Sünde anzusprechen. Daraus folgt dann, dass die einen es vollständig unterlassen und die anderen umso vehementer die Sünde von Einzelnen und der Gesellschaft hervorheben, um das wahrgenommene Defizit aufzufüllen. Beides dient meiner Beobachtung nach nur der Sünde an sich. Sie zu negieren, gibt ihr Raum, sich unbemerkt und ungebremst zu entfalten. Sie als Endgegner hervorzuheben, sie zu nutzen, um sich von anderen abzugrenzen, dient ihr ebenso, da die begleitende Arroganz nicht minder zu Spaltungen, Verletzungen und Ausgrenzung führt. Ich glaube, dass Sünde so niederträchtig und perfide ist, dass sie sich unter dem Deckmantel der Selbstbekämpfung auf den „Thron" unseres Lebens setzen kann; dass Menschen, angetrieben von dem Wunsch, sündlos und gottesfürchtig leben zu wollen, den Fokus auf Sündenvermeidung und nicht auf Gottesfurcht legen. Die Sünde ist ein Biest in ihrer ganzen Gestalt. An ihr ist nichts Gutes, nichts Aufrichtiges, nichts Nachvollziehbares, nichts, was mein Mitgefühl weckt. Die Sünde ist das Spielgerät des Teufels. Man mag ihn nennen, wie man möchte (Feind, Satan, der Böse, das Böse ...) – seine Existenz wird sich kaum von seiner Bezeichnung abhängig machen. Genauso wie an der Sünde, seinem Spielgerät, seinem Werkzeug, seinem Wesen, ist an ihm nichts Liebenswertes, nichts Verständnisvolles, nichts Liebendes, nichts Schönes, nichts Gutes.

Gott und Sünde sind sich spinnefeind

Diese Überzeugung führt mich zu dem Schluss, dass ich als Kind des heiligen Gottes nicht Hand in Hand mit der Sünde leben kann. Das ist in erster Linie keine Gehorsams-, sondern eine Loyalitätsfrage. Wenn Gott mein Vater ist und ich behaupte, ihn zu lieben, kann Sünde in meinem Leben – oder auch in der Gesellschaft – mir nicht egal sein. Wenn jemand meinen leiblichen Vater anfeindet und ihn verachtet, dann führt das in mir zu einer tiefen Abneigung gegenüber diesem Menschen, sogar dann, wenn er sachlich betrachtet in der Beurteilung meines Vaters teilweise recht haben mag. Auch der Teufel hält mir häufig scheinbar Realitäten vor Augen; Argumente, die überzeugen. Dabei geht es aber nicht um sachliche Richtigkeit an sich, sondern es ist eine Frage von Loyalität und Liebe aus der zugrunde liegenden Verbindung zwischen mir und meinem Vater, zwischen mir und Gott. Ist die Sünde Feind Gottes, ist sie auch mein Feind. Klingt zunächst plump; ist aber so einfach. Jedenfalls in der Grundüberzeugung. Dass Sünde sich auch in mir abspielt, macht es im Konkreten zeitweise kompliziert. Berufe ich mich aber auf die Überzeugung, dass die Sünde als Feind Gottes auch mein Feind ist, muss die situative Entscheidung für oder gegen sündhaftes Leben immer dagegen ausfallen. Nicht, weil Gott es von mir verlangt, sondern weil ich mich so entschieden habe. Wahrhaftigkeit und Aufrichtigkeit mir selbst gegenüber sind zwar bisweilen sehr anstrengend, aber auf Dauer kann ich nicht anders leben, wenn ich mich nicht selbst verraten will. Und wenn ich mal an allem zweifle, dann ist es letztendlich eine Frage des Gehorsams gegenüber Gott, der eben Gott ist und ich nicht.

Sünde zerstört den Menschen und trennt ihn von Gott

Davon bin ich überzeugt – und ich habe es selbst erlebt. In Sünde zu leben und darin zu bleiben, führt bei mir zu einem sehr unangenehmen Zustand. Bin ich ansonsten frei heraus und überwiegend optimistisch, werde ich in dem Wissen, dass ich Sünde in meinem Leben habe (was genau das ist, ist ja noch herauszufinden) seltsam. Ich erlebe dann einen Rückzug von Gott und auch von den Mitmenschen, die mit meiner Sünde in Verbindung stehen. Leider fällt mir das zu oft erst im Rückblick auf. Die Folgen von Sünde (die ich nicht mit Schuld gleichsetze) sind Isolation, Geheimnisse, Lügen, weitere und tiefere Isolation mit all ihren Folgen. Vor allem aber entdecke ich dann in mir ein Gefühl des Verdrecktseins, ich fühle mich schmutzig, es ist ein schambesetztes Selbstempfinden. Ich bin ein Mensch, der schnell und präzise mit Worten ist. Auch im verletzenden Sinne. In meiner Kindheit und Jugend war mir die Härte meiner Worte gleichgültig. Entscheidend war, dass mein Gegenüber spürte, „was Sache war". In meiner Überzeugung hatte ich bloß die vermeintliche Wahrheit ausgesprochen und konnte doch nun erwarten, dass der Empfänger sein Verhalten daraufhin ändern würde. Dabei war ich schon als Teenager gerade mit geistlichen „Wahrheiten" nicht zimperlich. Sünde zeigte sich an dieser Stelle in Lieblosigkeit und Hochmut. Das führte dazu, dass sich Menschen innerlich von mir zurückzogen, allerdings ohne dass ich es merkte. In meiner Abiturzeit hörte ich von einer Schulkameradin, dass sie in der 5. und 6. Klasse furchtbare Angst vor mir gehabt habe. Sie war nicht die Einzige. Ich war schockiert. Das hat mir die Augen geöffnet für die Folgen meiner Haltung, denn so wollte ich eigentlich nicht sein. Erst recht nicht als Christ. Dabei stellte ich aber fest, dass ich meine Haltung gegenüber anderen vor Gott nie infrage gestellt hatte. Es war doch mein Recht, Menschen ohne jede Rücksicht zu konfrontieren. Dachte ich. Auch weil ich dachte, dass Gott mit mir genauso umgeht und ich mit mir selbst so umgegangen bin. Im Rückblick sehe ich, wie unverdient Menschen mir ihre Vergebung entgegengebracht und Beziehung dennoch möglich gemacht haben. Durch diese Vergebungserfahrungen ist mein bis dahin verhärtetes und erbarmungsloses Gottesbild aufgebrochen. Dadurch ist eine liebevolle Beziehung zu Gott erst möglich geworden.

Ich erlebe Sünde in meinem Leben als zerstörerisch, weil sie meine Freiheit vor Gott und Menschen und vor allem in mir selbst massiv einschränkt. Mein Inneres wird immer mehr von der Weintraube zur Rosine – bis auf die Tatsache, dass der Rückweg zur Weintraube durch Jesus möglich geworden ist. Das „Rosinendasein" ist ein sehr kümmerliches, das sich selbst bemitleidet und keine Kraft für andere hat. Ich rede hier ausdrücklich nicht von emotionaler oder auch geistlicher Erschöpfung, die ähnlich aussehen mögen, aber ganz andere Ursachen haben. Wenn Sünde mich auslaugt, ist der Weg zu Gott sehr weit. So wird mir vom Teufel suggeriert. Wenn ich erschöpft und kraftlos bin, meine Beziehung zu Gott aber ungestört ist, weiß ich, dass der Weg zu ihm nur ein Gebet entfernt ist. Dass dies auch in meinem sündigen Rosinenzustand so ist, fällt mir meist spät auf und bedarf nicht selten des Zuspruchs von außen. Gelingt dies abschließend nicht, bleibe ich durch meinen sündhaften, verdreckten Zustand von Gott getrennt. Da die Sünde sein Feind ist, wird er sich nicht dazugesellen, solange ich an der Sünde festhalte. Er drängt sich nicht gegen meinen Willen auf. Die Sünde ist aber so perfide, dass sie selbst sich mir als erforderlich und lebensnotwendig verkauft. Das zu erkennen und dann loszulassen, gelingt meiner Erfahrung nach nur durch den Geist Gottes in mir, nicht aus mir selbst heraus.

Sünde führt auf Dauer zum (geistlichen) Tod

Die absolute Klimax der Isolation, der Abtrennung von Menschen und von Gott, ist der Tod (Jakobus 1,15). Ich glaube, dass Sünde als Feind des lebendigen Gottes, der das sprudelnde Leben ist, zum geistlichen, aber auch zum sozialen Tod führt – und das nicht vielleicht, sondern sicher. Todsicher. Es ist der denklogische Umkehrschluss daraus, dass Gott und der Teufel nichts, aber auch gar nichts gemein haben – nicht einmal das

Interesse an uns Menschen. Denn das Interesse des Teufels, des Vaters der Lüge (Johannes 8,44b), ist nicht auf uns gerichtet, sondern auf seine Feindschaft gegen Gott. Uns von Gott durch Sünde zu entfernen und in den Tod zu führen, das ist sein Anliegen, um seine Macht zu beweisen und sich vor Gott als ebenbürtig aufzuspielen. Wir sind da nur missbrauchtes Mittel zum Zweck.

Demgegenüber gilt Gottes Interesse uns als seinen Ebenbildern. Wir sind seine Schöpfung, die ihm gleich ist. Das war seine anfängliche Sehnsucht. Er schuf sich im Menschen ein Gegenüber. Seine Sehnsucht war und ist Beziehung und nicht Isolation. „Es ist nicht gut, dass der Mensch allein sei" (1. Mose 2,18) kann – ohne gleich die Stiftung der heterosexuellen Ehe hineinzuinterpretieren – erst einmal als Gottes Idee für uns Menschen, in Beziehung mit ihm und mit anderen Menschen zu sein, gesehen werden.

Wenn Sünde letztendlich den Menschen von anderen Menschen und Gott isoliert, führt sie zum Tod, weil der Mensch von seinem Ursprung her auf Beziehung angewiesen ist – auch für sein biologisches Überleben. Dazu gibt es mehrere Experimente, deren Ergebnisse zeigen, dass unser Überleben von emotionaler Zuwendung abhängig ist. Babys, die nur gefüttert und gesäubert, aber ansonsten beiseitegelegt werden, sterben. Genau dasselbe gilt für unser geistliches Leben. Wenn Sünde mich von Gott isoliert und ich dadurch von seiner Zuwendung, von der Beziehung zu ihm getrennt werde, dann führt sie letztendlich zu meinem geistlichen und damit ewigen Tod. Die Frage nach der Existenz der Hölle will ich hier (noch) nicht behandeln, da es nicht in erster Linie darum geht, Strafe zu vermeiden, sondern darum, hier auf der Erde mit Gott und in seinem Willen zu leben. Selbst wenn ich zu dem Ergebnis käme, dass es keine Hölle gäbe, würde dies nichts an meinem Wunsch ändern, so zu leben, wie Gott es sich wünscht, in der Überzeugung, dass dies gut für mich und für meine Mitmenschen ist. Demzufolge ist die Frage nach der Existenz der Hölle für meine Fragestellung erst einmal irrelevant.

Jesus als Gott selbst hat durch seinen Tod und seine wahrhaftige Auferstehung der Sünde die Macht genommen

Außerhalb jeder Diskussion steht für mich die Tatsache, dass Jesus Christus Gottes Sohn und selbst Gott ist. Ebenso stelle ich seinen Tod am Kreuz und seine leibhaftige Auferstehung nicht infrage. Wie Paulus es so treffend zusammenfasst, wäre sonst all mein Glaube völlig sinnlos, wenn Jesus nicht auferstanden wäre (1. Korinther 15,14). Wenn die Sünde auch ihn umgebracht hätte und ihn in den ewigen Tod mitgerissen hätte, dann gäbe es für mich keinen Ausweg aus der Sünde (auch hier ist Sünde gerade nicht mit Schuld gleichzusetzen). Weil Sünde mich von Gott trennt und ich in meinem Rosinendasein nicht in der Lage bin, zu Gott zurückzukehren, geht Jesus diesen Schritt, den ich nicht gehen kann. Der Moment, in dem alle Sünde der Welt mit Jesus am Kreuz hing, muss der widerwärtigste und abscheulichste Moment der Weltgeschichte gewesen sein. Welches Gefühl Sünde in mir auslöst, habe ich oben schon beschrieben. Und all das lastete auf Jesus, auf seiner Seele, seinem Innersten. Nicht nur meine Sünde, die schon völlig ausreicht, um mich in Verzweiflung und Selbstverachtung zu reißen, sondern die Sünde der ganzen Welt, aller Menschen, gleichzeitig. Da erscheinen mir die körperlichen Leiden Jesu nachrangig. Hinzu kommt, dass ich bei meiner eigenen Sünde noch verstehen kann, dass sie mich quält. Jesus selbst war aber sündlos – und trug die Last der ganzen Welt. Wie wir uns aufregen, wenn wir zu Unrecht beschuldigt werden – kein Vergleich zu dem, was Jesus schweigend (!) mitgemacht hat. Die Sünde hat Jesus ans Kreuz gebracht und in den Tod gerissen. Der entscheidende Punkt ist aber, dass er nicht im Tod geblieben ist. Denn das wäre das Ziel der Sünde gewesen. Die Auferweckung durch Gott, der Jesus wieder aus dem Tod herausreißt, macht den entscheidenden Unterschied. Damit hat Gott seine Macht über die Sünde und den Tod demonstriert, weil die Sünde nicht stark genug war, Jesus im Tod zu halten. Wenn Jesus also stärker ist als alle Sünde, dann kann er – im Gegensatz zu mir – Sünde in meinem Leben überwinden. Dann geht es nicht um mein Bemühen, möglichst sündlos zu leben, sondern dann geht es um mein Bewusstsein, dass ich abhängig von seiner Auferstehungskraft bin, um mein Rosinendasein zu beenden.

Das nennt die Bibel „Erlösung". Dadurch bin ich grundsätzlich in die Lage versetzt worden, mit Gott zu leben. Erst einmal völlig unabhängig von dem „Wie" meines Lebens. Jesus löscht aber nicht die Sünde aus meinem Leben, wenn ich sie festhalte. Er zwingt mich nicht, meine Beziehung zu Gott wiederherzustellen, nur weil er es kann. Ich muss es wollen. Diese Freiheit, mich entscheiden zu können, erscheint mir oft mehr Fluch als Segen zu sein. Wenn ich aber nicht einmal weiß, ob etwas Sünde ist, wie soll ich dann damit umgehen? Ich könnte es Gott „pro forma zwecks Vergebung" hinlegen. Das wäre wieder der sicherste Weg. Für mich also keine Lösung.

III. Kann Sein Sünde sein?

Die Fragestellung erscheint provokativ. Auch die Kontra-Homosexualität-Fraktion gibt mittlerweile in offiziellen Statements von sich, dass dem homosexuell empfindenden Menschen diese Empfindung an sich nicht geistlich vorgeworfen werden kann. Interessanterweise muss man hier aber nicht viele Jahrzehnte zurückblicken, um festzustellen, dass die Abschaffung des „Schwulenparagrafen" § 175 StGB – also die Entkriminalisierung männlicher Homosexualität, – auf großen Widerstand und Entrüstung gerade in frommen Kreisen stieß. Nun gut, da ging es auch um praktizierte Homosexualität, mag man einwenden. Dennoch ist die heutige auch schriftlich verkündete Haltung, den homosexuell empfindenden Menschen an sich zu lieben und zu akzeptieren, noch nicht so weit fortgeschritten, dass dies auch von den Kanzeln so gepredigt würde. Meine 30-jährige Erfahrung in der evangelikalen Gemeindewelt, von meiner Kindheit an bis heute, hat mich gelehrt, dass meine „Menschen-Sparte" immer im Zusammenhang mit Alkoholismus, Pädophilie und Pornografiesucht genannt wird – wenn man Glück hat nur mit Raub und Habgier.

Wird damit nicht doch das Sein des Menschen angegriffen? Alkoholismus, Pornografiesucht und Straftaten sind dem Inhalt nach entweder Erkrankungen oder eben Verhaltensweisen – mehr oder weniger steuerbar. Homosexualität in diesem Zusammenhang erscheint also, wenn es nicht um die Praxis geht, als Behinderung, als eine negative Normabweichung, die in sich nicht gottgewollt ist. Da Gott aber keine Fehler macht, wird der Behinderungsaspekt in der Argumentation wieder verneint und eine vermeintlich fromme Suppe darübergegossen: „Gott liebt den Sünder, aber er hasst die Sünde", heißt es dann. Dass damit erneut der homosexuell empfindende Mensch pauschal für sein sexuelles Empfinden an sich den Sündenstempel aufgedrückt bekommt, scheint dabei nicht aufzufallen. Denn tatsächlich grenzt sich jeder, der diesen Satz sagt, von den Adressaten dieses Ausspruchs in einer aufgesetzten Barmherzigkeit ab. „Alles, was vor dem Aber steht, ist gelogen", sagt der Volksmund. Das mag überzogen sein. Zutreffend ist wohl, dass der Halbsatz hinter dem Aber meist der entscheidende, die Hauptaussage ist.

Die Ursünde

Homosexuelles Empfinden an sich, das Homosexuell-Sein, scheint nach wie vor mit Sünde in Verbindung gebracht zu werden (so zum Beispiel in der *Handreichung zum Konversionstherapieverbotsgesetz der Deutschen Evangelischen Allianz, 2020, S. 9, Ziff. 1)*. Auch die Betonung an dieser Stelle, dass wir alle Sünder sind, ist dabei nicht hilfreich. „Wir erkennen an, dass wir alle Sünder sind und dass Jesus Christus die einzige wirkliche Hoffnung für sündige Menschen ist, wie immer unsere eigene Sexualität aussehen mag. Es ist unser ernstes Gebet, dass evangelikale Erwiderungen auch die Debatten zu Homosexualität heute wie auch zukünftig von seiner Liebe, Wahrheit und Nähe geprägt sein mögen", betonen Goddard und Horrocks in ihrem Buch *Homosexualität – Biblische Leitlinien, ethische Überzeugungen, seelsorgerliche Perspektiven,* indem sie diesen Leitsatz der Evangelischen Allianz Großbritannien zitieren. Allerdings sind wir offenbar nicht alle in unserer sexuellen Identität Sünder, sondern die Sünde der Homosexualität wird schlicht in den Sündenkanon der Seins-Sünden aufgenommen. Es ist jedoch keine Neuerscheinung des heutigen Christentums, dass die Seins-Sünde des Gegenübers genutzt wird, um ihn niedriger und sündiger zu werten als sich selbst. Schon das Beispiel, wie die Pharisäer in Johannes 9,34 mit einem Blindgeborenen umgehen, zeigt auf, dass (geistliche) Ahnungslosigkeit zu Überheblichkeit führt. Weil die Pharisäer nicht begreifen können, dass Jesus in der Lage ist, einen Blindgeborenen zu heilen, verurteilen sie diesen mit den Worten: „Du bist ganz und gar in Sünde geboren. Wie kannst du es wagen, uns zu belehren." Andere Menschen mit deren Sünder-Dasein in die Knie zu zwingen, ist mithin eher pharisäisch als jesusgemäß – jedenfalls dann, wenn ich damit nur meine Ahnungslosigkeit und auch Faulheit, mich mit dem Thema wirklich auseinanderzusetzen, überspielen will.

Literarischer und biblischer Befund

Aber was ist genau die Seins-Sünde und gehört homosexuelles Empfinden dazu?

„Die Wurzel aller Sünde ist, dass der Mensch so sein will wie Gott. Aus diesem Bestreben heraus kommt es zur Missachtung von Gottes Wort und zur ungehorsamen Tat. [...] Auch die anderen Sündengeschichten in diesen ersten Kapiteln (des Alten Testaments) zeigen, wie der Mensch seinem Gott das Vertrauen aufkündigt und sein Leben eigenmächtig in die Hand nehmen will." (Grünzweig und andere: *Brockhaus – Biblisches Wörterbuch, S. 332)*

Diese Wurzel aller Sünde wird unterschiedlich als Ursünde, Personsünde oder auch Erbsünde bezeichnet. Diese Seins-Sünde, also das Sündersein von Geburt an, ohne eigenes Zutun oder Treffen einer Entscheidung, ergibt sich so aus einem Konglomerat biblischer Befunde, die insbesondere den Fokus darauf richten, dass der Mensch, um aus dieser Ursünde herauszukommen, die Erlösung durch Jesus Christus angeboten bekommt.

> „Siehe, in Schuld bin ich geboren, und in Sünde hat mich meine Mutter empfangen." (Psalm 51,7)

> „Durch einen einzigen Menschen – Adam – hielt die Sünde in der Welt Einzug und durch die Sünde der Tod, und auf diese Weise ist der Tod zu allen Menschen gekommen, denn alle haben gesündigt." (Römer 5,12)

> „Wir stellen also fest: Genau so, wie eine einzige Verfehlung allen Menschen die Verdammnis brachte, bringt eine einzige Tat, die erfüllt hat, was Gottes Gerechtigkeit fordert, allen Menschen den Freispruch und damit das Leben. Genauso, wie durch den Ungehorsam eines Einzigen alle zu Sündern wurden, werden durch den Gehorsam eines Einzigen alle zu Gerechten." (Römer 5,18–19)

Deutlich wird aus dem biblischen Befund, der hier noch wesentlich umfangreicher dargestellt werden könnte (sich also durch die ganze Bibel bestätigt), dass nichts, was mein anfängliches individuelles Dasein von Geburt an ausmacht, seien es Hautfarbe, Geschlecht, Grundcharakter oder körperliche Eigenheiten, zur Sündhaftigkeit von Beginn an beiträgt. Vielmehr ist der Tod/die Sünde in mir drin, ganz allgemein. Diese allgemeine Sünde führt dann erst zu sündhaftem Verhalten. Jedenfalls gibt dieser Befund an sich keinerlei Anlass, dass das Sein des einen Menschen sündiger wäre als das Sein eines anderen. Zu Beginn sind wir alle nackt, schrumpelig und Sünder – ganz gleich unter welchen Voraussetzungen wir in welche Situationen hineingeboren werden. Ob ich nun homo- oder heterosexuell empfinde, ist mithin nicht mehr oder weniger mit dieser Ursprungssünde verbunden. Dieser Umstand hat hier schlicht nichts zu suchen, denn die Ursünde richtet sich in keiner Weise auf mich als Individuum, sondern sie ist ungeachtet aller Unterschiedlichkeiten, die uns Menschen individualisieren, in jedem Neugeborenen da. Jesus war der Einzige, bei dem es anders war, „der ohne jede Sünde war“ (2. Korinther 5,21), wobei selbst er die Versuchung, sich gegen Gott aufzulehnen, kannte (Hebräer 4,15).

Homosexuelles Sein oder Nichtsein

Homosexuelles Empfinden würde ich nicht als Sein im umfassenden Sinne bezeichnen. Meine Selbstdefinition findet nicht über mein sexuelles Empfinden statt. In Abgrenzung zum Tier und zu Gott bin ich erst einmal Mensch. In Christus bin ich dann Christ und Kind Gottes. Das ist mein Selbstverständnis.

Nach wie vor ist ungeklärt, ob homosexuelles Empfinden veranlagt, gar vererbt oder erlernt im weitesten Sinne ist. Insbesondere mit Blick auf die Behauptung der Therapierbarkeit homosexuellen Empfindens musste denklogisch vertreten werden, dass Homosexualität erworben ist. Selbst die seinerzeitigen Befürworter dieser Auffassung rudern derzeit jedoch in zugegebenes Nichtwissen zurück (wie zum Beispiel Markus Hoffmann, Leiter von „wuestenstrom" – heute „Institut für dialogische und identitätsstiftende Seelsorge und Beratung" in einem YouTube-Vortrag: „Biblisch seelsorgerliche Aspekte zum Umgang mit Homosexualität"). Liest man lediglich 15 Jahre alte Literatur, sträuben sich einem die Nackenhaare ob der dort erhobenen Theorien zu (in diesem Fall) weiblicher Homosexualität. Angesichts folgender Beschreibung der Mutter einer homosexuell empfindenden Frau verstehe ich gut, dass manche christliche Eltern meinen, ihre homosexuell empfindenden Kinder verstoßen zu müssen. Das Zitat stammt aus Christel Vonholdts Buch *Verwundete Weiblichkeit – Homosexuell empfindende Frauen verstehen:*

> **„Mütter lesbisch orientierter Töchter**
> Es gibt ‚typische' Merkmale von Müttern lesbisch empfindender Töchter. [...]
> Sie war eine pflichtbewusste Ehefrau, aber innerlich leer.
> Sie hasste es, eine Frau zu sein, weinte nie und verachtete ihre Tochter.
> Sie war nicht in der Lage, sich von ihrem missbräuchlichen Ehemann zu trennen.
> Sie war gesellig, aber nicht fähig, tiefere Beziehungen aufzubauen, oder war Alkoholikerin und ließ ihre kleine Tochter allein und unbeaufsichtigt zu Hause. Sie war unfähig, einen Haushalt zu führen oder angemessen für einen Säugling und ein kleines Kind zu sorgen.
> Wenn der Vater ausfallend wurde oder tobte, versteckte sie sich im Bett.
> Sie war psychisch krank und erwartete von ihrer Tochter, dass sie ihr die Selbstmordabsichten ausredete.

Sie gab beständig mit sich und ihren Kindern an und leugnete dabei alle negativen Gefühle oder Erlebnisse der Tochter.

Sie war eifersüchtig auf die Tochter und zeigte das auch."

Als ich diese Beschreibung während meiner langjährigen, bis heute andauernden Lösungssuche mit etwa Mitte 20 las, verwirrte mich das massiv. Wenn ich das heute lese, entsteht in mir der Wille, mich bei meiner Mutter dafür zu entschuldigen, dass mein sexuelles Empfinden ihr diese Außenwahrnehmung antut. Nichts von dem, was dort beschrieben ist, trifft auf meine Mutter oder mein Verhältnis zu ihr zu. Bereits die Überschrift bezieht jedoch meine Mutter einfach mit ein und macht sie damit zur Ursache oder jedenfalls zur Mitursache meiner Homosexualität, zur Schuldigen. Dieser Buchauszug ist nur ein kleiner Teil, in dem Fall auf meine Mutter bezogen, aus dem einem die Krankhaftigkeit homosexuellen Empfindens (!) entgegenspringt. Leider lassen die Ausführungen vermissen, warum es zum einen homosexuell empfindende Menschen gibt, die auf solch einen Schuldfundus weder bei ihrer Mutter noch bei ihrem Vater zurückgreifen können, und zum anderen, warum es heterosexuell empfindende Menschen gibt, die all das, was in diesem Buch als Ursachen für Homosexualität aufgezeigt wird, ebenso oder gar schlimmer erlebt haben und dennoch heterosexuell empfinden. Ob eine Identitätskrise auch eine sexuelle Identitätskrise sein muss, bleibt da offen. Dass symptomatisch alles erdenkliche Empfinden und Wahrnehmen eines Menschen auch Traumafolge sein kann, bleibt ebenso unbesehen außen vor.

„Weibliche Homosexualität kann definiert werden als:

1. Beziehungsproblem: die Suche nach der Mutter oder einer warmen, starken, geborgenen und sicheren Bindung,

nach Freundinnen oder nach Bestätigung und einer auf Gegenseitigkeit beruhenden Beziehung zu einem anderen Mädchen/Frau. Dieses Mangelproblem führt zum:

2. Identitätsproblem: Weibliche Homosexualität ist gekennzeichnet durch das Fehlen eines grundlegenden Gefühls für das eigene Sein, das eigene Selbst. Es führt in einen Prozess der Selbstablehnung als weibliches Wesen und zu tödlichem Selbsthass, einem Stillstand in der Identitätsentwicklung und zu einer tiefen Identitätskrise oder Verwirrung bezüglich der eigenen geschlechtlichen Identität.

3. Geistliches Problem: In dem Maße, in dem die Frau von Männern seelisch verletzt oder ausgenutzt wurde, kämpft sie mit ihrem Gottesbild, das ihr nirgendwo in der Welt Raum für selbstloses Schenken oder absichtslose Güte lässt.“ (Vonholdt)

Ich möchte hier gewiss kein Buch besprechen, an dieser Stelle aber meinen Schmerz ausdrücken, den ich für meine Eltern ob dieser Behauptungen empfinde. Wenn auch meine Eltern sicherlich nicht perfekt sind, sind sie doch aus meiner Sicht nicht derart zu beschuldigen, ja zu verunglimpfen. Wie oben angedeutet, bringen solche Theorien in mir das Verständnis dafür hervor, mit welchem Entsetzen Eltern in evangelikalen Kreisen auf die Homosexualität ihrer Kinder reagieren. Denn dem homosexuellen Empfinden der Kinder haftet damit neben dem eigenen auch automatisch ein Fehlverhalten der Eltern auf ärgster Stufe an. Das ist geeignet, diese in ihrem sozialen Umfeld umfänglich in Verruf zu bringen und sie Anklagen bis hin zu Missbrauchsvorwürfen auszusetzen.

Überdies kann ich mich nicht in den Ausführungen wiederfinden. Muss ich tiefer graben? Versteckte Traumata finden, damit ich geheilt werden kann? Ich habe Heilungsversuche und -wege hinter mir, Konversionstherapie(versuche), Gebete anderer, jahrelanges Ringen zwischen Gott und mir. Länger als zehn Jahre habe ich mit dem Ziel „heil“ zu werden, all meine Kindheitserinnerungen und Beziehungsstrukturen, charakterliche Eigenheiten und Dispositionen durchleuchtet und durchleuchten lassen. Jedes Beziehungsdetail, besonders zu meinen Eltern, wurde analysiert – es musste doch einen Grund für mein homosexuelles Empfinden geben. Bis heute Fehlanzeige. Ich kann nur meine Beobachtung mitteilen, dass meine Beziehung zu meinen Eltern durch diesen Prozess viel Heilung erfahren hat – und dass ich umso klarer homosexuell empfunden habe, je heiler die Beziehung zu meinen Eltern und auch zu Gott wurde. Dies ist völlig absurd angesichts der obigen Annahmen von Frau Vonholdt, die im Übrigen zur Argumentationsgrundlage vieler christlicher Seelsorger geworden sind und damit erheblichen Schaden angerichtet haben. Es ist nicht lange her, dass ich dieses Buch noch einmal (jedenfalls quer-)gelesen habe. Am Ende saß ich da, lachte laut und stellte fest, dass ich nicht einmal „richtig homosexuell“ bin, da ich sämtliche Voraussetzungen nicht erfülle, außer mich zu Frauen anstatt zu Männern partnerschaftlich hingezogen zu fühlen.

Meine ersten homosexuellen Empfindungen kann ich in meine frühe Kindheit datieren. Wir hatten Besuch von einer erwachsenen Freundin der Familie. Während ich mit meinen sieben Jahren unscheinbar auf ihrem Gästebett saß, hatte sie alle Freiheit sich umzuziehen und in Unterwäsche herumzulaufen. Ich war zweifelsohne fasziniert und fand wunderschön, was ich sah. Im Rückblick handelt es sich dabei eindeutig um eine erotische Wahrnehmung, während ich männliche Nacktheit schon im Kindesalter als unästhetisch empfand. Auch vor diesem eindeutigen Erlebnis erinnere ich mich an Situationen mit einer Kindergärtnerin, die in mir ein besonderes Gefühl auslösten. Es war weder der Wunsch nach einem Mutterersatz noch der Wunsch danach, so zu sein oder zu werden wie diese Frauen. Es war ein Gefühl des Hingezogenseins, der Wunsch an ihrer Seite zu sein. Solche Erlebnisse zogen sich durch meine Kindheit und Jugend. Erst im späten Teenie-Alter merkte ich, dass ich mich in Frauen verliebte, vergleichbar mit dem Verlieben meiner Freundinnen in Männer. Dass sich meine Schulkameradinnen für die Jungs unserer Klasse interessierten, habe ich nie verstanden. Während mein Herz heimlich für Frauen schlug, was ich nicht mit Homosexualität gleichsetzte, verliebte ich mich offiziell in Lehrer. Über Jahre. Heute würde ich das als Ersatzgefühle beschreiben, die für mich keine Gefahr bedeuteten. Männer, an denen ich meinen Wert als Frau testen wollte, so wie alle es taten; ohne in die Gefahr einer partnerschaftlichen Beziehung zu geraten. In diese Situationen geriet ich natürlich trotzdem – und machte die für mich erschreckende Erfahrung, dass ich körperliche Nähe mit Männern als abstoßend empfand, obwohl ich sie sehr lieb hatte. Zum Ende meiner Pubertät hin stellte ich fest, dass die Gefühle, die ich gegenüber Frauen auch körperlich entwickelte, mit den Gefühlen gegenüber Männern nicht vergleichbar waren. Ich musste mir eingestehen, dass ich tatsächlich Verliebtheit für Frauen empfand. Spätestens damit begann meine bis heute andauernde Jagd auf mich selbst.

Ich kann für meine Biografie jedenfalls nicht feststellen, dass Homosexualität außerhalb meines Elternhauses (das, wie oben dargestellt, sich nicht derartige Schuld aufgeladen hat) an mich „herangetragen“ wurde – in welcher Form auch immer. Trotz langer und verzweifelter Suche finde ich keinen Grund in meiner Lebensgeschichte für meine Homosexualität und man mag es glauben oder nicht: Das ist zermürbend und für mich höchst unbefriedigend. Man kann mich wohl als Kopf-Menschen bezeichnen, jedenfalls überwiegend. Der kognitive Zugang zu einem Thema ist meiner und wenn es ein Problem gibt, dann ist es nach Analyse des Problems nach Möglichkeit schnell zu beseitigen, um sich dann wieder den wirklich wichtigen Dingen zuwenden zu können. Mit Blick auf mein homosexuelles Empfinden, das für mich in dem Moment problembehaftet wurde, als ich realisierte, dass man als Christ nicht homosexuell ist, sein sollte oder sein dürfte, bedeutete das, dass ich „nur" die Ursache des Problems finden und beseitigen müsse, um wieder voll und ganz Christ sein zu können, Gottes Reich zu bauen und ihm so zu dienen, wie er sich das vorstellt. Dabei kam es mir nicht einmal darauf an, einen Mann zu heiraten und Kinder zu bekommen, sondern nur, nicht mehr homosexuell zu empfinden, weil dies für mich per se mit Sünde behaftet war.

Dass die Pharisäer im Neuen Testament nicht wissen, wovon sie reden, wenn sie die Heilung des Blindgeborenen beurteilen, nehmen wir heute schmunzelnd, fast besserwisserisch zur Kenntnis. Es ist doch so einleuchtend, dass die Pharisäer – die kommen bei Jesus ohnehin nicht gut weg – mal wieder Gottes Größe und Weite nicht begreifen und von den anatomischen Voraussetzungen einer Blindgeburt auch keine Ahnung haben. Vielmehr übertragen sie eine medizinische Gegebenheit ins Geistliche und das Einzige, was ihnen zur Beurteilung der für sie unverständlichen Situation einfällt, ist die grundsätzliche Sündhaftigkeit des ehemals Blinden, die sie als Vorwurf formulieren – ein Umstand, der sie mit ihm allerdings gleichstellt. Im Nachhinein können wir dieses Nichtwissen geistlicher und wissenschaftlicher Art belächeln, weil wir bezüglich Blindheit heute viel mehr wissen. Ob dieser Umstand auf die Fragestellungen, bei denen wir heute noch wenig Genaues wissen, übertragbar ist? Machen wir es bei der Frage nach der Herkunft von Homosexualität nicht genauso wie die Pharisäer damals?

In der Bibel finde ich keinen Befund dafür, dass homo- oder heterosexuelles Empfinden angeboren oder nicht angeboren wäre. Da ich mir keine Schludrigkeit in meiner persönlichen Ursachenforschung vorwerfen kann, kann ich nur für mich selbst feststellen, dass ich nicht symptomatisch homosexuell bin. Gleichzeitig kann ich aber bestätigen, dass man sich jedes Trauma, jede Ursache auch einreden (lassen) kann. Worüber ich nur aufgrund dessen, dass mir von außen aufgezeigt wurde, dass es eine Ursache in meinem Leben geben *muss,* nachgedacht und gebetet habe, würde hier das Maß des Erträglichen bereits für mich sprengen. Heute schäme ich mich dafür, sämtliche Erlebnisse und Begegnungen mit all meinen männlichen Verwandten dahingehend analysiert zu haben, ob ich sexuelle Übergriffe durch sie erlebt haben könnte, die ich als Traumafolge sodann verdrängt habe. Ich habe jeden Mann in meinem Umfeld unter Generalverdacht gestellt. Auflösung: Es hat sich niemand auch nur das Geringste zuschulden kommen lassen. Doch anstatt dafür wirklich dankbar zu sein, frustrierte mich die Erfolglosigkeit meiner Ursachenforschung. Die Literatur von Wüstenstrom, Christl Vonholdt und andere christliche Bücher zum Thema Homosexualität hatten mir beigebracht, dass ich nicht homosexuell bin, sondern diese Empfindungen nur ein Symptom seien. Ich habe diese Literatur verschlungen in der Hoffnung, die eine Lösung zu finden. Ich war bereit, alles mir Mögliche zu tun, um meine „falschen“ Empfindungen loszuwerden. Es wurde mir dort versprochen, dass das möglich sei, und ich habe das geglaubt. Mit fatalen Folgen. Jeden Abend vor dem Einschlafen zu beten, man möge „normal“ wieder aufwachen und jeden Morgen die neue Enttäuschung zu erleben, hat tatsächlich auch traumatische Ausmaße, die aber im eigenen evangelikalen Umfeld und nicht im homosexuellen Empfinden begründet sind.

Die Feststellung, nicht mehr in der Lage zu sein, eine göttliche Zusage ohne Aber zu hören, ist zerstörend. Bis heute, obwohl sich der Wind auch in evangelikalen Kreisen über das Dazu-gehören-Dürfen homosexuell empfindender Menschen verändert (noch nicht dreht!), lese ich hinter jedem Bibelvers, dass er eigentlich nicht für mich gilt. „Fürchte dich nicht, ich habe dich erlöst, du bist mein – es sei denn, du bist homosexuell." „So sehr hat Gott die Welt geliebt, dass er seinen einzigen Sohn hergab, damit alle, die an ihn glauben, nicht verloren gehen, sondern das ewige Leben haben – es sei denn, sie sind homosexuell." Ist solch ein Denken eine Folge der Homo-Sünde, wenn es denn überhaupt Denken ist? Oder ein Ergebnis von Selbstbeschimpfung und Selbstanklage über Jahrzehnte, begründet und angefeuert von Literatur und Gemeinde(er)leben? Denn in der Bibel selbst steht diese Einschränkung tatsächlich nicht. Ich habe nachgeschaut. Mehrfach. Jesus und ich erkämpfen uns gerade sein gutes ewiges Wort zurück. Ich bin so dankbar!

Unreinheit von Geburt an

Vorausgesetzt, dass homosexuelles Empfinden zumindest auch angeboren sein *kann,* stellt sich die Folgefrage, ob es (sündhafte) Unreinheiten von Geburt an gibt, die über die Ursünde hinausgehen, also manche Menschen betreffen und andere nicht. Das hätte logisch gesehen zur Folge, dass bei homosexueller Veranlagung von Geburt an der Betroffene zwar nichts dagegen tun kann – von Gottes veränderndem Eingreifen abgesehen, was dann aber eben Gott bewirkt und nicht der Betroffene –, dennoch aber die Sündhaftigkeit der Homosexualität bereits im

Sein liegt, nicht erst im Verhalten. Das fühlt sich für den modernen Menschen unfair an, haben wir uns doch gerade in den letzten anderthalb Jahrhunderten schwer bemüht, jedenfalls in der Ersten Welt Ungleichheiten möglichst abzuschaffen.

Gott heiligt tatsächlich durch allgemeine Auserwählung im Vorhinein einzelne Menschen oder Personengruppen – im Umkehrschluss unterlässt er bei anderen diese Heiligung/Absonderung.

Auserwählung Israels

Das findet sich insbesondere in der Auserwählung Israels als Volk Gottes, seinem Eigentum, wieder und führt damit zur Absonderung von den übrigen Völkern, den Heiden (2. Mose 19,5; Jesaja 44,1). Aus der Auserwählung folgen für Israel nicht nur Rechte und Privilegien, sondern gerade auch Pflichten und Anforderungen.

> „Und ihr sollt mir ein Königreich von Priestern und eine heilige Nation sein." (2. Mose 19,6)

Die Erwählung des Volkes Israels durch Gott erfolgt nicht aufgrund besonderer Vorzüge dieses Volkes, sondern aufgrund der Liebe Gottes, deren Auswahlkriterium wir nicht kennen. Es erscheint mir aber jesusmäßig, sich dass „geringste" aller Völker zu erwählen, um an ihm seine Größe zu zeigen, was er bis heute auf wunderbare Weise tut.

> „Nicht weil ihr mehr wäret als alle Völker, hat der Herr sich euch zugeneigt und euch erwählt – ihr seid ja das geringste unter allen Völkern –, sondern wegen der Liebe des Herrn zu euch [...]" (5. Mose 7,7–8)

Bedenkt man dabei, dass sich Jakob den väterlichen Segen erschlichen hat und Gott mit ihm die Geschichte Israels beginnt, kommt man kaum um den Gedanken herum, dass Gott in seiner Entscheidungsfindung offenbar wesentlich andere Kriterien berücksichtigt als wir unter Vorlage des polizeilichen Führungszeugnisses in jedem Vorstellungsgespräch – und auch in der Beurteilung unserer Glaubensgeschwister.

Aus der Auserwählung des Volkes Israel folgt die Nichtauserwählung aller Nichtjuden. Ist Israel ein von Gott geheiligtes, also abgesondertes Volk, ist es jeder Nichtjude nicht. Jeder, der per Geburt ins Volk Israel hineinkommt, fällt ohne jegliches Zutun erst einmal unter diese Auserwählung. Jeder, der außerhalb des jüdischen Volkes geboren wird, fällt nicht unter diese Auserwählung. Diese Tatsache ist gänzlich unabhängig davon, wie jeder einzelne Jude mit diesem Status, auserwählt zu sein, in seinem Leben umgeht.

Die Bibel kennt damit geistlich unterschiedliche Bewertungen eines Menschen, die von dem „Wo" und „Worein" des Geborenwerdens abhängig sind. Ohne eigenes Zutun des geborenen Menschen befindet er sich entweder in einem abgesonderten und geheiligten oder in einem nicht geheiligten Zustand. Diese Bewertung, die sich als Unterschied von Juden und Heiden durch die ganze Bibel zieht, wird durch die weitere vorzeitliche Auserwählung von Christus und seiner Gemeinde keineswegs negiert.

Auserwählung Christi

Als Teil des dreieinigen Gottes wird Jesus selbst als Sohn Gottes auserwählt (Lukas 9,35). Die Auserwählung Jesu erfolgte ebenfalls aus Liebe.

> „Siehe, mein Knecht, den ich erwählt habe, mein Geliebter, an dem meine Seele Wohlgefallen gefunden hat; ich werde meinen Geist auf ihn legen, und er wird den Nationen Recht verkünden. Er wird nicht streiten noch schreien, noch wird jemand seine Stimme auf den Straßen hören; ein geknicktes Rohr wird er nicht zerbrechen, und einen glimmenden Docht wird er nicht auslöschen, bis er das Recht hinausführe zum Sieg; und auf seinen Namen werden die Nationen hoffen." (Jesaja 42,1–4; Matthäus 12,18–21)

Was für ein starkes, definierendes Wort über Jesu Charakter und seine Aufgabe. Diese Worte sollten wir in- und auswendig können auf unserem Weg hinter Jesus her.

Auch diese Auserwählung erfolgte vor Jesu Geburt – er kam so zur Welt, wie er kommen sollte, als Christus. Dies wurde bereits in der Schwangerschaft deutlich, als die Cousine der schwangeren Maria erkannte, dass „die Mutter meines Herrn" zu ihr kommt (Lukas 1,43). Und auch Jesu Auserwählung ist bereits im Vorhinein mit einer Bestimmung verbunden, das „Volk von seinen Sünden zu retten" (Matthäus 1,21).

Auserwählung der Gemeinde

Von Beginn der Welt an ist die Gemeinde Christi von Gott als Erbin auserwählt.

> „Dann wird der König zu denen zu seiner Rechten sagen: Kommt her, Gesegnete meines Vaters, erbt das Reich, dass euch bereitet ist von Grundlegung der Welt an!" (Matthäus 25,34)

> „Denn in Christus hat er uns schon vor der Erschaffung der Welt erwählt mit dem Ziel, dass wir ein geheiligtes und untadeliges Leben führen, ein Leben in seiner Gegenwart und erfüllt von seiner Liebe. Von allem Anfang an hat er uns dazu bestimmt, durch Jesus Christus seine Söhne und Töchter zu werden. Das war sein Plan; so hatte er es beschlossen." (Epheser 1,4–5)

> „Ihr aber seid ein auserwähltes Geschlecht, ein königliches Priestertum, eine heilige Nation, ein Volk zum Besitztum, damit ihr die Tugenden (oder Fähigkeiten, Vollkommenheiten, Großtaten) dessen verkündigt, der euch aus der Finsternis zu seinem wunderbaren Licht berufen hat [...]" (1. Petrus 2,9)

Angesichts dessen, dass Gott bereits das Volk Israel zur heiligen Nation und zu königlichen Priestern erwählt hatte, erschließt sich (nicht nur daraus) die rein ergänzende und nicht ersatzweise Erwählung der Gemeinde.

> „Denn in ihm hat er uns erwählt, ehe der Welt Grund gelegt war, dass wir heilig und untadelig vor ihm sein sollten in der Liebe; er hat uns dazu vorherbestimmt, seine Kinder zu sein durch Jesus Christus nach dem Wohlgefallen seines Willens, zum Lob seiner herrlichen Gnade, mit der er uns begnadet hat in dem Geliebten." (Epheser 1,4–6)

Israel, Christus und die Gemeinde bezeichne ich als die drei Großen der Heilsgeschichte. Das Individuum spielt weder bei Israel noch bei der Gemeinde eine Rolle für die Motivation und das Ziel bei der Auserwählung durch Gott. Durch Christus hat Gott die Gemeinde als Ganzes unabhängig von Einzelnen, aus denen sie besteht, zur Auserwählung befähigt, sie bekanntlich „eingepfropft“ in die Auserwählung Israels (Römer 11,11–24). Dass der Unglaube Israels, der Umstand, dass es sein königliches Priestertum nicht wie von Gott aufgetragen umgesetzt hat, zur Notwendigkeit der Gemeinde führt, um die großen Taten Gottes zu verkündigen und Israel eifersüchtig zu machen, kann nur zu einer demütigen Selbstwahrnehmung von uns Christen führen. Nichts können wir dieser Auserwählung hinzufügen – aber wir können auch nichts von ihr wegnehmen. Jedenfalls macht diese Erwählung von sich aus keinen Unterschied bei dem Einzelnen. Wer zur Gemeinde Christi gehört, gehört damit zur auserwählten Gemeinde – egal welcher Couleur er selbst ist. Ob jemand aber zur Gemeinde Christi gehört/gehören kann, ist die nächste Frage.

Erwählung Einzelner

Über diese drei Großen der Heilsgeschichte hinaus hat sich Gott immer die Erwählung Einzelner geleistet – mal mit besserem, mal mit schlechterem Ergebnis. Mörder, Ehebrecher, maulfaule und flüchtige Propheten und selbst Judas, der nachher Jesus verriet, war ausdrücklich ein von ihm Erwählter – im gleichen Atemzug bezeichnet ihn Jesus aber als Teufel (Johannes 6,70–71). Gott scheint unabhängig von den schlechten Vorzeichen eines Menschen mit diesem arbeiten und ihn gebrauchen zu wollen, und er scheint bei seiner Entscheidung andere Kriterien heranzuziehen, als wir es ihm empfehlen würden. Kein Unternehmen dieser Welt und keine Gemeindeleitung scheint mir, würde Gott als Personalleiter einstellen. Zu riskant.

Der Lieblingsvers meiner frühen Teenie-Zeit ist: „Der Mensch sieht, was vor Augen ist, aber Gott sieht das Herz an“ (1. Samuel 16,7). Mit diesen Worten korrigiert Gott die Sichtweise Samuels über die Auswahl Davids zum König. Samuel hätte es doch besser wissen müssen, war seine eigene Erwählung durch Gott zum Propheten doch ebenso wenig nach menschlichen Kriterien erfolgt. Die Geschichte über die Berufung des jungen Samuel hat mich als Kind immer außergewöhnlich berührt. Mir war klar, dass der kleine Samuel nichts vorzuweisen hatte, was aus menschlicher Sicht irgendwie nützlich erschien, um ein großer Prophet zu werden. Er tat mir schrecklich leid, weil er schon so früh von seinen Eltern getrennt wurde und dann im Tempel mit einem alten, unbekannten Mann aufwachsen musste. Zu dem Zeitpunkt (Samuel war gerade von der Muttermilch entwöhnt; 1. Samuel 1,24) kann Samuel keinerlei besondere geistliche Überzeugungen gehabt, nicht einmal etwas richtig oder falsch gemacht haben. Der Moment, wo Samuel vom Allerhöchsten selbst ins Allerheiligste gerufen wird, wo er seinen Namen aus dem Munde Gottes hört, treibt mir noch heute die Tränen in die Augen; der Auftrag, den er danach erhält, nicht minder. Samuel kennt zu diesem Zeitpunkt die Stimme Gottes nicht, erkennt nicht, wer da nach ihm ruft. Doch als sein Mentor ihn auf die Möglichkeit, dass Gott ihn ruft, hinweist, ist seine einfache Antwort: „Rede Herr, denn dein Knecht hört“ (1. Samuel 3,10). Was für eine Einstellung! So frei, so hingegeben. Gott zieht Samuel zu sich wegen seiner Bereitschaft zu hören, wegen seines Gott zugewandten Herzens. Aus diesem Grund geschieht die Erwählung Einzelner durch die ganze Bibel hindurch und ich bin überzeugt davon, dass es noch heute so ist.

Nun ist uns Gott einiges voraus darin, das Herz eines Menschen zu beurteilen. Aber erst einmal müsste danach auch für uns das Herz Dreh- und Angelpunkt über das Ansehen eines Menschen bei uns sein. Da schreit es: Sollen wir nicht alle Menschen lieben? Ja. Wie wir Menschen jedoch mit einbinden, welche Rolle sie in unseren Gemeinden einnehmen, für welche

Aufgaben wir sie auswählen, sollte wohl eine Frage nach ihrem Herzen sein.

Kann ein homosexuell empfindender Mensch ein hörendes, hingegebenes, dienendes Herz haben? Das klingt auf den ersten Blick absurd – ist diese Frage aber zu verneinen, tut die Gemeinde Christi seit Jahren gut daran, homosexuell empfindende Menschen in ihrer Mitte klein zu halten. Ich höre den nächsten Aufschrei: Das tun wir überhaupt nicht. Homosexuelle sind genauso willkommen wie alle anderen Menschen auch. Wo sind sie dann? Wie viele homosexuell empfindende Menschen fühlen sich in den evangelikalen Gemeinden so willkommen, dass sie sich zeigen? Laut aktueller Studie der CVJM-Hochschule Kassel sind in unseren Gemeinden 3,1 Prozent homosexuell und noch einmal 3,3 Prozent bisexuell empfindende Menschen. In meiner Gemeinde müssten nach der Statistik der empirica-Studie *Christliche Singles – wie sie leben, glauben und lieben* von Künkler, Faix und Weddigen mindestens noch ca. fünf homosexuell empfindende Geschwister sein. Dass ich nicht den blassesten Schimmer einer Ahnung habe, wer das sein könnte, kann ich, ebenso ungeoutet, keinem zum Vorwurf machen – jedenfalls keinem Betroffenen. Denn es kommt doch nicht von ungefähr, dass es in unseren Gemeinden offenbar keine homosexuell empfindenden Menschen gibt, aber in der christlichen Singlestudie unter 3.235 sich im frommen Sektor verortenden Singles immerhin rund 100 (!) Menschen im Schutz der Anonymität ihre eigene sexuelle Orientierung als homosexuell angeben. Wir scheinen also in unseren Gemeinden ein (stillschweigendes) Auswahlverfahren zu haben, wer „dabei" sein darf und wer eher nicht. Die homosexuell empfindenden Menschen sind natürlich auch dabei, aber eigentlich auch nicht, denn sie scheinen sich nicht als solche dazugehörig zu fühlen.

Also noch einmal die Frage: Kann ein homosexuell empfindender Mensch ein hörendes, hingegebenes, dienendes Herz haben? Das bringt mich zu der Gegenfrage, die leichter zu beantworten sein könnte: Warum nicht? Dazu gibt es folgende, in meinem Umfeld leider oft gehörte oder gelesene Antworten:

„Weil homosexuell zu sein an sich Sünde ist."
Nicht an sich. Nein. Das haben wir vorne bereits geklärt. Als homosexuell empfindender Mensch bin ich genauso der Ursünde unterworfen wie alle anderen Menschen, unabhängig von meiner Sexualität. Ich gehöre außerdem genauso wenig zu den drei Großen der Heilsgeschichte, es sei denn, dass ich Teil der Gemeinde bin. Ob ich aber Teil der Gemeinde sein kann, ist eine Frage meiner Beziehung zu Gott, der wiederum das Herz ansieht.

„Weil Homosexualität infolge des Falls der guten Schöpfung Gottes ein Werk des Teufels ist und deshalb das Herz eines homosexuell empfindenden Mensch geistlich ‚verstopft' ist."
Wenn alles, was uns in erster Linie als nicht schöpfungskonform erscheint, ein Werk des Teufels ist, sollten wir Menschen mit Behinderung schleunigst aus unserem diakonischen Denken und Handeln entfernen und unsere liebevollen Inklusionsbemühungen einstellen. Undenkbar? Ja, aber hier geht es irgendwie um Sex, um Triebe und so! Ist das schlimm? Ja! Und wer hat die Sexualität an sich erfunden? ... Eben.

„Weil Homosexuelle ganz anders sind als wir, so schrill und aufdringlich."
Bisher scheint das nicht der Fall zu sein – es kennt ja kaum einer die homosexuell empfindenden Menschen in seiner Gemeinde. Erst einmal ist das also eine Behauptung, die jeglicher

Tatsachengrundlage entbehrt. Eher das Gegenteil dürfte der Fall sein, da sich die homosexuell empfindenden Menschen offenbar chamäleonartig angepasst haben. Von mir selbst kann ich nur sagen, dass ich mehr Chamäleon als Mensch in der Gemeinde bin. Ob ich mich geoutet wirklich anders verhalten würde? Warum sollte ich das tun? Ich wäre innerlich viel freier, nicht ständig mit dem Gedanken belastet: „Was wäre, wenn die wüssten", hätte nicht immer das Gefühl, alle anderen mit meinem Schweigen zu betrügen. Ja, wahrscheinlich würden meine Beziehungen besser, tiefer und ehrlicher, wenn ich mich nicht länger aus Angst verstecken muss. Alles andere ist Kokolores.

„Weil sie das Wohl unserer Kinder gefährden, indem sie sie falsch beeinflussen, wenn sie nur zugeben, homosexuell zu empfinden." Dass ein solches Statement erhoben wird, ist nicht so abwegig, wie zu hoffen wäre; „die Kinder sind vor dem Einfluss Homosexueller zu schützen". Ich saß selbst vor nicht ganz zehn Jahren in der Abstimmung meiner damaligen Gemeinde darüber, wie mit Homosexuellen in der Gemeinde umzugehen ist. Mit Handzeichen. Dafür. Dagegen. Die Enthaltung war meine Rettung. Jedenfalls erklang in dem vorangegangenen (sehr einseitigen) Austausch die Sorge eines Vaters, dass er bei schwulen Mitarbeitern seine Kinder nicht mehr in die Jungschar schicken könne, aus Sorge ... vor was blieb offen, das schien also allgemein bekannt und verständlich zu sein. Der zu erhoffende Widerspruch aus der Runde blieb aus. Im Nachgang dieser Versammlung suchte ich einen der Leiter auf und fragte, ob es sinnvoll sei, solche Abstimmungen zu einem so sensiblen Thema in großer Runde zu machen. Es könnten schließlich auch Anwesende sehr verletzt werden. „Nein, das kann nicht sein. Wir haben keine Dunkelziffer. Mit uns kann man doch reden." Vielleicht nach diesem Erlebnis eher nicht mehr. Die Sorge des

Vaters bezog sich dabei nicht nur auf eine negative Beeinflussung durch einen schwulen Mitarbeiter (was man auch immer darunter verstehen mag), sondern stellte homosexuell empfindende Männer mit an pädophilen Neigungen leidenden Menschen gleich.

Ähnlich erging es auch einer homosexuell empfindenden Freundin. Die Gemeindeleitung bzw. der Jugendpastor hatte Kenntnis von ihrer Homosexualität bekommen. Sie war Anfang zwanzig und unter anderem im Bereich der Kinderarbeit ihrer Gemeinde sehr engagiert. Mit dem Verweis auf ihre sexuelle Identität wurde ihr mitgeteilt, dass sie diese nicht in die Kinderarbeit mit einbringen dürfte. Bei 3–6-Jährigen? Welche Bilder über das Sein und Verhalten homosexuell empfindender Menschen sind in den Köpfen unserer Gemeinden, unserer Pastoren? Sie hat daraufhin schweren Herzens die Gemeinde, ihr bis heute letztes geistliches Zuhause, verlassen und die Erleichterung der Leitung für diese Entscheidung wahrgenommen. Kann das ein gutes Ergebnis sein? Wir haben so viele andere wichtige Dinge für Gottes Reich im Fokus. Das stimmt wohl; ebenso wie die beiden Frommen, die an dem Ausgeraubten und Verprügelten in der Geschichte über den barmherzigen Samariter vorbeigingen, um nicht zu spät oder verunreinigt in den Gottesdienst zu kommen. Dahinter muss keine böse Absicht stecken, sondern vielleicht auch die Überforderung mit einer Situation, der ich mich nicht gewachsen fühle. Unser Verhalten ist dann oft weit von dem Verhalten Jesu entfernt, der 99 Schafe stehen lässt, um das eine verlorene zu suchen. Unter uns zeigt sich an diesen Stelle nicht nur unsere Ahnungslosigkeit, sondern auch Lieblosigkeit, die sich auch in mangelndem echtem Interesse äußert. Und wir haben Angst. Angst vor dem uns Unbekannten, dem mit Sünde Behafteten, davor, dass wir selbst beschmutzt werden könnten. Dr. Martin Grabe nennt das in seinem aktuellen Buch *Homosexualität und Glaube – ein Beziehungsdrama* die „Versündigungsangst", die uns davon abhält, homosexuell empfindenden Menschen offen, frei und liebevoll zu begegnen. Wenn wir den Fokus auf diese Angst richten, verlieren wir den Mann am Kreuz aus den Augen, der „alle Sünde auf sich lud" (nach Jesaja 53,4), der sich über und über mit unserem Schmutz beschmutzt hat. In seiner Nachfolge wollen wir doch leben, oder?

Wenn es nicht die Pädophilie ist, vor der sich die Gemeinden fürchten müssen, stellt sich doch die Frage, wovor genau die Kinder geschützt werden sollen. Vor der Tatsache, dass es homosexuell empfindende Menschen überhaupt gibt? Würde denn der homosexuell empfindende Mensch Homosexualität predigen? Wenn er von Gott aus existieren darf, darf er das doch auch im Leben der Gemeinde, also – warum auch immer das erforderlich sein sollte – auch im Miterleben der Kinder. Wenn der homosexuell empfindende Mensch ein hörendes, hingegebenes, dienendes Herz hat – warum und womit sollte er Schaden anrichten, schädlicher sein als die heterosexuell empfindenden Geschwister? Und nein, Homosexualität ist nicht ansteckend.

Womit wir wieder bei der Frage nach dem Herzen angelangt sind. Das Herz eines homosexuell empfindenden Menschen mag verstört sein, es mag verletzt sein oder einsam – nichts von dem trennt ihn von der Liebe Gottes, die in Christus Jesus ist (nach Römer 8,39). Wenn also Jesus grundsätzlich Zugang zu seinem Herzen hat und die Annahme, dass homosexuell empfindende Menschen teuflisch verkorkst sind, keine biblische Grundlage findet, dann kann doch ein homosexuell empfindender Mensch ein Mensch nach dem Herzen Gottes sein. Dann kann ich SEIN.

Homosexualität als Folge des Sündenfalls

Es ist gar nicht so einfach zu differenzieren, was von dem, was wir auf dieser Welt sehen, erleben und selbst sind, Folge des Sündenfalls ist – also in paradiesischen Zuständen nicht wiederzufinden wäre. Die Beschreibung des Paradieses in 1. Mose 1 ist im Vergleich zum übrigen Umfang der Bibel doch recht kurz, obwohl es Gottes Grundidee unserer Welt darstellt. So wie das Paradies, die erste Schöpfung Gottes, war, so stellte Gott es sich vermutlich als perfekt vor. Es war „sehr gut". Wir finden einige Hinweise, wie das Leben im Paradies war – ob und wie wir sie verstehen, ist eine zweite Sache:

Note „sehr gut"

> „Und Gott sah, dass es gut war." (1. Mose 1,4.10.12.18.21.25)

> „Und siehe, es war sehr gut." (1. Mose 1, 31)

Über (fast) allem, was Gott schafft, wird die Bestnote ausgesprochen; tadellos, perfekt, ohne Makel, nicht verbesserbar. Interessant finde ich, dass Gott die Schöpfung nicht sehr gut „macht", sondern erst schafft und dann sieht, dass sie gut oder sehr gut ist. Ich entnehme dem, dass Gottes schöpferisches Handeln seiner göttlichen Bewertung im Nachhinein Stand hält. Er bemüht sich nicht, alles sehr gut zu machen und seine Leistung höchstwertig hervorzubringen. Er schafft Neues und aus seiner Schöpferkraft geht nur Gutes hervor. Sein eigenes Tun besteht vor seiner göttlichen Beurteilung. Er muss nicht nachbessern. Gott spricht ein Wort und es geschieht in Perfektion. Seine Ansage ist so umfänglich, dass sich das Erschaffene genau so gestaltet, wie es in seiner Vorstellung ist. Sein Wort ist in sich bereits lebendig und wird in Materie aller Art perfekt umgesetzt. Unfassbar. Für mich ist das nicht vorstellbar. Was schmieden wir immer für Pläne, um etwas zustande zu bringen, wägen vorher ab, verwerfen Entwürfe und wenn wir dann doch etwas „erschaffen", ist es im Nachhinein nicht nur der Kritik anderer Menschen, sondern meist auch unserer eigenen massiv ausgesetzt. Ob eine Sache gut oder nicht gut ist, hat oft gar nichts mehr mit der Sache an sich zu tun – ob etwas gut ist, hängt von dem Urteil ab, das wir darüber sprechen. Uns fehlt das Gefühl dafür, was unangreifbar gut ist, was jede Beurteilung, jede Feuerprobe übersteht. Gerade wir Deutschen sind bekannt als das „Land der Nörgler und Meckerer" – nicht gerade eine Auszeichnung. Auch in unseren Gemeinden unter Christen empfinde ich oft eher ein „Dagegen" als ein „Dafür". Alles wird argwöhnisch beäugt, Neues für zu neu bis hin zur Irrlehre empfunden, Altes für ausgedient und überholt. Wir haben so oft nicht Gottes Blick auf die Dinge, der hinter dem Äußeren Gutes und nicht Gutes entdeckt und beurteilen kann. Je nach individueller menschlicher Lebenseinstellung rennen Freigeister und Sanguiniker in unbekanntes Terrain und empfinden dies als göttliche Offenbarung. Die zurückhaltenden Melancholiker halten sich lieber an alt (jedenfalls nach menschlichem Empfinden) Bewährtes, das keiner weiteren Prüfung bedarf. Ob man es jemals für sehr gut befunden hat, bleibt dabei offen, während die Vorpreschenden wiederum erst preschen und dann überlegen, was gut und was weniger gut ist. Wie kommt das? Mir scheint, wir wissen schlicht nicht, was gut ist.

Jesus wird von einem angesehenen reichen Mann mit „guter Meister" angesprochen. Eigentlich will dieser ihn nach dem Zugang zum ewigen Leben fragen, aber Jesus geht erst auf diese Anrede ein mit der Erwiderung: „Warum nennst du mich gut? Gut ist nur Gott und sonst niemand“ (Lukas 18,18–19). Oha. Sagt Jesus hier, dass er selbst nicht gut ist? Ich meine nein. Er sagt aber, dass der Mann keine Ahnung von dem hat, was gut ist. Wenn der Mann Jesus als „gut“ bezeichnet, muss er sich gleichzeitig bewusst sein, dass Jesus selbst Gott ist. Und das weiß der Mann nicht. Er kennt die Wunder und Zeichen, die Jesus getan hat, seinen Umgang mit Menschen – wir wissen nicht, wie viel er von Jesus miterlebt hat –, und darauf fußt seine Anrede: auf menschlicher Beurteilung der Umstände. „Nur Gott ist gut“ ist Jesu (ungefragte) Antwort. Er kann diese menschliche Beurteilung nicht stehenlassen und weist sie sehr direkt, fast schon unhöflich zurück. Meine Tante spricht mich immer wieder mal mit dem Namen meiner Schwester an. In diesen Momenten muss ich mich dann entscheiden, ob ich auf die Sachaussage, die der falschen Anrede folgt, eingehe oder ihre Anrede verbessere, damit uns beiden klar wird, mit wem sie spricht. Meistens lasse ich die falsche Anrede stehen, weil sie die eigentliche Aussage nicht beeinflusst. Würde sie in der Folge eine Frage stellen, die auch inhaltlich an meine Schwester gerichtet ist, würde ich sie darauf hinweisen. Bei Jesus ist das anders. Die (eigentlich richtige) Anrede hat hier entscheidende Bedeutung. Ob ich einen Menschen gut nenne oder Gott, macht den Unterschied zwischen ganz falsch und ganz richtig. Hier gibt es nur Schwarz oder Weiß. Gottes „gut sein“ ist vollkommen, ohne jede Graustufe. Ob ich Jesus als Menschen begegne und befrage oder als Gott, der vollumfänglich gut ist, ist entscheidend – auch für die Antwort auf meine hier gestellte Frage und wie ich sie entgegennehme.

Was ist gut? Jesu Antwort: Gott ist gut. Nicht das, was wir für hilfreich, förderlich, gesetzeskonform im biblischen und weltlichen Sinne ansehen, was uns Zufriedenheit oder gar Glück verschafft, sondern Gott ist gut. Nur Gott. Das hat doch unweigerlich im Umkehrschluss zur Folge, dass alles, wo Gott nicht ist, was er nicht erschaffen oder angelegt hat, nicht gut ist. Mittelgut gibt es nicht. Jedenfalls nicht in Gottes Wesen.

An einer Stelle in der Schöpfung bessert Gott aber doch nach. Das scheint jedenfalls auf den ersten Blick so. Er empfindet es als „nicht gut, dass der Mensch allein sei" (1. Mose 2,18). Dann lesen wir, wie Gott Tiere erschafft und zu Adam bringt, darunter aber keines zu finden ist, das Adam entspricht. Gott betrachtet, wie Adam mit den Tieren umgeht, sie benennt und verwaltet und stellt in der Folge fest, dass Adam noch ein ihm gleiches Gegenüber braucht. Ist die Erschaffung Adams also Stückwert? Nein. In Adam als dem ersten Menschen ist alles angelegt, was Gottes Bestnote „sehr gut" verdient. So wird Eva auch nicht „neu" erschaffen, sondern aus dem bereits Perfekten entnommen und gebildet. Gott muss bei Adam nicht nachbessern. Er hat Adam mit einer Beziehungsfähigkeit und einem Beziehungsbedürfnis geschaffen, das Gott selbst entspricht (1. Mose 1,26). Das war nicht unperfekt, sondern genau so, wie es Gott gewollt hat. Diesem Beziehungsbedürfnis wurde dann mit der Erschaffung eines zweiten Menschen entsprochen. Gott schafft eine Sehnsucht in Adam und stillt sie.

Die verzögerte Erschaffung Evas finden wir erst im zweiten Schöpfungsbericht – im ersten Schöpfungsbericht wird der Mensch wörtlich als „männlich" und „weiblich" geschaffen. Sie werden mit Aufgaben und Verantwortung bedacht und über diese Gesamtkonstellation spricht Gott seine abschließende Bewertung „sehr gut" aus. Den zweiten Schöpfungsbericht lese ich dazu als Ergänzung, als eine Art Tatsachenprotokoll unter anderem darüber, wie es zur Erschaffung Evas kam. Ich liebe diese Aussage Gottes, dass er selbst es nicht gut findet, dass der Mensch allein wäre. Wenn Gott etwas als nicht gut bewertet, dann ist es wirklich nicht gut. Da geht es nicht um Abwägungen oder diskutable Eventualitäten. Gottes Idee, dass der Mensch auf ein Gegenüber angelegt ist, ist von paradiesischer Qualität. Das Bedürfnis des Menschen nach einer Person, die ihm gleich ist, „Fleisch von meinem Fleisch" (1. Mose 2,23), steht unter dem „Sehr gut" Gottes und Adams erleichtertes „Endlich!" auf die Erschaffung Evas drückt seine vorherige göttlich angelegte Sehnsucht aus.

Gottes „Sehr gut" gilt also auch der Sehnsucht nach Partnerschaft, nach einem festen Gegenüber. Gott schuf Adam und Eva als männlich und weiblich – nicht als Ehepaar, aber als biologisch zur Fortpflanzung fähig. Über diese Idee spricht er seine Bewertung aus; und auch über die Idee, dass der Mensch ein Beziehungswesen ist, Sehnsucht nach einem Gegenüber hat. Interessanterweise stillt Gott die Sehnsucht des Menschen nicht mit seiner eigenen Gegenwart, mit seiner eigenen Beziehung zu Adam, sondern erschafft einen zweiten Menschen. Er erschafft auch nicht ein ganzes Volk oder eine Großfamilie, sondern einen anderen Menschen, der Adams Sehnsucht nach intimer Beziehung stillt. Es ging bei Adams Sehnsucht wohl nicht darum, Teil eines sozialen Gefüges zu sein, sich mit anderen Menschen austauschen und gemeinsam leben zu können – Adams Sehnsucht war darauf gerichtet, mit einem einzelnen anderen Menschen derart zu verschmelzen, dass man zu zweit ein Fleisch würde. An dieser Stelle betont Adam auch nicht seine Unterschiedlichkeit von Eva als Hauptelement seiner Anziehung, sondern ihre Ähnlichkeit mit ihm: „Diese endlich ist Gebein von meinem Gebein und Fleisch von meinem Fleisch" (1. Mose 2,23). Es geht hier nicht um die häufig als Voraussetzung für gottgewollte Partnerschaft hoch umstrittene und hochgehaltene Komplementarität der Geschlechter, sondern vielmehr um das Gleichsein – womöglich in Abgrenzung zu den Tieren, die die Einsamkeit des Menschen nicht ausfüllen konnten (1. Mose 2,20).

Das Leben danach

Der Sündenfall verändert alles. Der paradiesisch freie Mensch möchte sein wie Gott und riskiert dafür seine unmittelbare Nähe zu ihm und sein Leben in göttlicher Perfektion. Was vorher sehr gut war, wird nun verzerrt. Die Herrlichkeit Gottes zieht sich angesichts der Sünde, für die sich der Mensch entschieden hat, zurück. Zwischen Gott und Mensch, zwischen Paradies und menschlicher Umwelt steht ein unüberbrückbares Hindernis. Der Mensch lebt nicht mehr in paradiesischen Zuständen, aber er ist immer noch Gottes Schöpfung, Gottes sehr gute Idee – in seinem Ursprung. Gott hätte infolge des Sündenfalls ja auch alles kurz und klein schlagen können, den Menschen jedenfalls vernichten, weil er offenbar nicht so gut gelungen ist wie angenommen. Nein. Gott liebt sein Geschöpf und diese Liebe bringt mit sich, dass der Mensch sich frei entscheiden darf, auf Gott zu hören oder nicht.

Nacktheit und Scham

Gottes geliebte Menschen verlassen also das Paradies, werden von der paradiesischen Perfektion entkleidet, fühlen sich auch Gott gegenüber nackt. Diese Nacktheit muss viel mehr als körperliche Nacktheit gewesen sein, schließlich sahen weder Adam noch Eva aneinander noch Gott an ihren Körpern etwas Neues. Aber hier kommt Scham ins Spiel, Schutzlosigkeit, schlechtes Gewissen. Das Ergebnis ihres Tuns, ihrer Entscheidung, dem Vorschlag der Schlange zu folgen und Gottes Ansage zu hinterfragen, ist die Trennung von ihrem Schöpfer – dem Gott, der im Garten der Menschen spazieren ging (1. Mose 3,8). Adam und Eva ziehen sich vor Gott zurück, verstecken sich hinter Bäumen. An diesem Bild wird deutlich, wie albern unser menschliches Versteckspiel vor der Weisheit und allumfassenden Gegenwart Gottes ist, und wie wenig Ahnung wir von dem Umgang mit

Schuld haben. Die Nacktheit der Menschen scheint ein Entzug von Gottes Herrlichkeit zu sein, der nicht nur ihr Inneres, sondern auch ihre Körper betraf. Ihre Körper und ihr Verhältnis zu diesen war perfekt, sehr gut – wer würde das heute von sich behaupten? Unser Körper ist nicht selten unsere größte Krise, optisch oder gesundheitlich. Das war für Adam und Eva bis zu dem Gefühl der Nacktheit wohl keine Frage. Der Umgang von Adam und Eva mit dieser neuen Situation ist dilettantisch. Sie greifen nach dem Erstbesten, um ihre Nacktheit zu bedecken: zu Feigenblättern (1. Mose 3,7). Gott hingegen „bekleidet" sie – 1. Mose 3,21 ist ein Bibelvers, der in meiner Bibel als einer von sehr wenigen überhaupt unterstrichen ist. Daneben habe ich vor Jahren das Wort „Gnade" geschrieben. Der Mensch lehnt sich gegen Gott auf, lehnt seine Vorgaben ab, versucht das auch noch zu vertuschen, entschuldigt sich nicht einmal – und Gott bekleidet ihn und bedeckt die vom Menschen selbst verursachte Nacktheit. Er begegnet der Scham des Menschen mit Gnade und kümmert sich um sein Geschöpf.

Der Sündenfall bricht mit den guten Schöpfungsideen Gottes, kann sie aber nicht auslöschen. So, empfinde ich, leben wir in einer Welt, die Gottes sehr gute Schöpfung immer wieder erahnen lässt, in der aber auch all das sichtbar ist, was diese Schöpfung konterkariert. Über den Auswirkungen des Sündenfalls für den Menschen steht aber auch unverrückbar Gottes Gnade. Gott hat sich nicht abschließend zurückgezogen und den Menschen seinem schamvollen Schicksal überlassen. Er bekleidet uns. Er sieht uns in unserer Situation und schafft Abhilfe, Fürsorge. Da erklingt kein: „Pech gehabt. Jetzt sieh zu, wie du da wieder rauskommst." Da ist immer noch die ausgestreckte Hand Gottes, die in die durch den Menschen selbst gegrabene Grube hineinreicht und ihn da versorgt. Gott versetzt ihn nicht zurück ins Paradies – er versorgt ihn für seine Zeit außerhalb des Paradieses und bedeckt seine Nacktheit. Diese Versorgung ist nicht mehr paradiesisch abschließend, sie entspricht den Umständen nach dem Sündenfall. Gott bekleidet den Menschen nicht wieder mit seiner Herrlichkeit, sondern mit Fell, mit dem, was dem Menschen auch außerhalb des Paradieses zur Verfügung stehen wird, um ihm wenigstens ein wenig seiner (körperlichen) Scham zu nehmen bzw. mit ihr umzugehen.

Der Fluch

Dieser Gnadenhandlung Gottes, wie ich das Bekleiden nenne, geht allerdings die Konsequenz Gottes mit dem Sündenfall voraus. Dass sich die Menschen gegen Gott auflehnen, quittiert er nicht „nur" mit der Verbannung aus dem Paradies, sondern er spricht über den Menschen eine Folge der Sünde aus. Er verflucht nach meinem Verständnis nicht den Menschen an sich, sondern manche seiner Umstände – die Schwangerschaft und das Gebären für die Frau (1. Mose 3,16) und den Ackerboden, das Ernähren für den Mann (1. Mose 3,17). Gegenüber der Frau verflucht er auch die Beziehung zu ihrem Mann.

> „Nach deinem Mann wird dein Verlangen sein, er aber wird über dich herrschen!" (1. Mose 3,16)

Hier anzunehmen, dass Gott die Beziehung zwischen Mann und Frau nun ablehnt, würde der Situation nicht gerecht werden. Auch die anderen Verfluchungen, die sich an Adam und Eva richten, lehnen nicht die verfluchten Angelegenheiten an sich ab – sie werden nur erheblich erschwert. Diese von Gott gezogenen Konsequenzen legen seiner guten Schöpfungsidee eine Erschwernis auf. Es geht um die gottgewollten Grundlagen des Geschöpfs Mensch: Fortpflanzung, Beziehung und Arbeit/Beschäftigung/Versorgung. Indem die Menschen auf die Schlange gehört und Gottes Wort misstraut haben, ist in diesen guten Vorgaben Gottes „der Wurm“ drin – bis heute.

Wie gehen wir aber mit diesen Erschwernissen um? Wie sollen wir damit umgehen? Mir scheint, wir leben im Spagat zwischen Akzeptanz und Widerstand, zwischen sich fügen und Veränderungswillen. Gottes Ansagen: „Du *wirst/sollst* unter Schmerzen deine Kinder gebären“ und „du *sollst* mit Mühsal alle deine Tage von dem verfluchten Erdboden essen“, lassen uns keine Wahl. Der Mensch hat bis heute keine Möglichkeit gefunden, diese Verfluchungen an sich rückgängig zu machen. Wir können wirklich viel, aber dass Arbeit Mühe ist, Geburt Schmerzen bedeutet und die Beziehung zwischen Mann und Frau bisweilen – gelinde gesagt – verkorkst ist, das konnten wir bis heute trotz aller Industrialisierung und Digitalisierung, medizinischen Fortschritts und Paartherapien nicht abschaffen. Noch ein paar Tausend Jahre später macht Paulus die aus dem Sündenfall erwachsene Unterordnung der Frau zum empfohlenen Verhalten der Eheleute in der christlichen Gemeinde. An anderer Stelle wiederum beschreibt er die wegfallenden Unterschiedlichkeiten zwischen Menschen durch Christus, da in der Verbindung mit ihm „weder Mann noch Frau“ ist (Galater 3,28), sondern alle neue Menschen geworden sind. Ersteres richtet sich meinem Verständnis nach an das Leben in der Ehe – wie auch immer man das dann auslegen und ausleben mag –, Letzteres richtet sich an alle Menschen, die Jesus Christus als ihren Herrn und Erlöser erkannt und angenommen haben. Hier geht es um eine Bewertung verschiedener Menschen. Diese Verschiedenheit der Menschen fällt meines Erachtens damit nicht weg: Der Mann bleibt ein Mann, die Frau eine Frau, der Jude ein Jude, der Grieche ein Grieche, der Sklave versklavt, der Freie frei. In der Beziehung zu Gott hat durch Christus aber die menschliche Bewertung, die diese Bezeichnungen (Geschlecht, Nation, Rang) üblicherweise mit sich brachten und bis heute bringen, keine Bedeutung mehr. Damit wird aber die Verfluchung der Umstände aus 1. Mose 3 nicht aufgehoben – das merken wir bis heute auch als Christen.

Dürfen wir uns eigentlich von diesen Flüchen Erleichterung verschaffen? Dürfen wir die Schmerzen bei einer Geburt abmildern und uns Hilfsmittel schaffen, die uns die Ernährung erleichtern? Ist das nicht ein Eingriff in den Willen Gottes, der uns doch all dies als Strafe auferlegt hat, um uns zu zeigen, dass wir von ihm getrennt sind? Die Frage scheint aus heutiger Sicht absurd, sind bei uns doch PDAs unter der Geburt zu einem willkommenen Standard geworden und der Westeuropäer geht, wenn überhaupt, nur noch mit schwerem Gerät auf den Acker, das ihm einiges des schweißtreibenden Tuns abnimmt. Gott hat in uns seine Schöpferkraft hineingelegt, wir sollen gestalten und verbessern. Es wird nicht besser als das, was vor dem Sündenfall war, da war es perfekt. Wir dürfen aber unsere Situation beeinflussen und Gottes Segen und Barmherzigkeit für unser Tun erbitten. Aus dem Sündenfall ergibt sich eben nicht nur die Verfluchung, sondern als Gegenüber auch die Gnade Gottes, die uns in unseren verfluchten Umständen mit seiner Fürsorge und Liebe begegnet und uns immer wieder nachgeht. Der Sündenfall hat das Wesen Gottes – reine Liebe – nicht verändert (vgl. 1. Johannes 4,16). Gott erscheint in der Bibel oft wie in einem inneren Kampf zwischen Konsequenz und Gnade.

> „Ist mir Ephraim nicht ein teurer Sohn oder ein Kind, an dem ich Freude habe? Denn sooft ich auch gegen ihn geredet habe, muss ich doch immer wieder an ihn denken. Darum ist mein Innerstes um ihn erregt. Ich muss mich über ihn erbarmen, spricht der Herr." (Jeremia 31,20)

Was für ein Gott! Menschlich könnte ihm Weichheit, Abweichung von seinem eigenen Vorhaben vorgeworfen werden, aber sein göttliches Mitgefühl und Erbarmen sind unsere Lebensessenz. Schon wenn wir aufrichtiges Mitgefühl und tiefes Erbarmen unter Menschen erleben, haben sie eine gewaltige Kraft zu persönlichem Wachstum – im Gegensatz zu liebloser Verurteilung oder auch nur Desinteresse. Aus diesem Erbarmen heraus lässt uns Gott so manche Abmilderung der Folgen des Sündenfalls gelingen.

Gegenüber dem Menschen spricht Gott die Verfluchung seiner Umstände aus – als Geschöpf an sich verflucht aber wird die Schlange, nicht nur ihre Umstände (1. Mose 3,14). Sie symbolisiert das Böse an sich und steht unter dem Fluch Gottes. Endgültig. Endgültig ist aber auch die Feindschaft zwischen der Schlange und dem Menschen, was nicht bedeutet, dass die Schlange keinen Einfluss mehr auf den Menschen hat. Dass der Schlange aber der „Kopf zermalmt" werden wird (1. Mose 3,15), ist bereits eine Vorausschau auf Jesu Sieg über den Tod, über die Trennung zwischen Gott und Mensch. Bis Jesus wiederkommen wird, leben wir aber in der gefallenen Welt, in der Welt, die unter Fluch und Gnade Gottes steht, in der Feindschaft zwischen dem Menschen und dem Teufel herrscht.

Dass die Existenz von Homosexualität oder einer anderen Abweichung von der auf einen Partner gerichteten heterosexuellen Zuordnung der Menschen untereinander Folge des Sündenfalls ist, kann meiner Auffassung nach aufgrund des biblischen Schöpfungsberichts nur bejaht werden. Es gibt keinen Anhaltspunkt dafür, dass Homosexualität im „Sehr gut" der Schöpfung enthalten war. Es gibt wohlgemerkt auch keinen Hinweis dafür, dass im Menschen nicht von Anfang an auch homosexuelles Empfinden als möglich angelegt ist, so wie vieles, das wir heute als normal, menschlich und schöpfungskonform ansehen, in diesem kurzen Bericht keine Grundlage findet, zum Beispiel Sexualität zu anderen als zu Zeugungszwecken oder schlicht Humor. Ersteres wurde und wird in manchen christlichen Kreisen tatsächlich abgelehnt, Letzteres als nicht schöpfungskonform abzulehnen, ist mir in meinem Alltag noch nicht ernsthaft begegnet. Wir machen also Unterschiede. Meistens und gerne im Bereich der Sexualität. Es ist aus dem Schöpfungsbericht jedenfalls nicht positiv herauszulesen, dass Homosexualität im Paradies schon existierte. Daraus zu schließen, dass homosexuelles Empfinden oder Leben deswegen als Sünde zu bewerten wäre, ist wiederum zu kurz gedacht. Erst einmal muss festgestellt werden, dass eigentlich alles, was wir heute erleben und als normal in unserem Dasein empfinden, Folge des Sündenfalls ist – entweder bereits an sich: mühselige Arbeit, Schmerzen, Beziehungsprobleme, oder als Abweichung zur guten ursprünglichen Schöpfungsordnung: Tier frisst Tier, Pflanzen und Tiere sterben, es gibt Fehlbildungen im Mutterleib, Krankheit und Sterblichkeit. Die Existenz von Homosexualität in unserer Welt würde ich als Folge des Sündenfalls in Form einer Abweichung von der ursprünglichen Schöpfungsidee verstehen. Sie ist dabei wie alle anderen Folgen auch nicht an sich Sünde, aber sie gehört in die gefallene Schöpfung und nicht in die paradiesischen Zustände.

Als Abweichung von der Schöpfungsordnung ist die Existenz von Homosexualität Folge der ersten Sünde, der Ursünde. Interessanterweise trennt Jesus selbst klar zwischen den Folgen des Sündenfalls und individueller Schuld. In der bereits erwähnten Geschichte mit dem Blindgeborenen (Folge des Sündenfalls, denn in Gottes guter Schöpfung gab es keine Blindheit, keine Krankheit) fragen die Jünger Jesus in Betrachtung des noch Blinden: „Rabbi, wie kommt es, dass dieser Mann blind geboren wurde? Wer hat gesündigt – er selbst oder seine Eltern?" Jesus antwortet: „Es ist weder seine Schuld noch die seiner Eltern. An ihm soll sichtbar werden, was Gott zu tun vermag. [...]" (Johannes 9,2–3). Ohne eine Bitte des Blinden abzuwarten, aber unter seiner Mitwirkung, heilt Jesus ihn sodann. Die Jünger fragen im Vorhinein nicht, *ob* der Blindgeborene oder seine Eltern gesündigt haben – das scheint ihnen selbstverständlich –, sie stellen nur die Frage nach dem Schuldigen. Das erinnert mich an die Diskussionen über Homosexualität heute. Hat ein homosexuell empfindender Mensch sich versündigt, dass er nun so ist, hat er sich nicht genug um Heilung und Veränderung bemüht? Oder aber haben nicht seine Eltern sich an ihm irgendwie vergangen und in ihrem Erziehungsauftrag versagt?

Jesus heilt den Blinden, damit „sichtbar wird, was Gott zu tun vermag". Er bekämpft hier nicht nur eine Folge des Sündenfalls, eine Abweichung von der Schöpfungsordnung (Krankheit), sondern er zielt auf etwas ab, das weit darüber hinausgeht. Er erklärt daran jedenfalls für mich den Unterschied zwischen den Folgen des Sündenfalls an sich, Ur-Sünde und Schuld. Die Pharisäer hingegen haben für diese Unterscheidung keinen Blick, sie sehen nicht das Gute, das dem Blinden widerfährt, sondern sind in ihrer eigenen Welt von richtig und falsch erschüttert – also ist der Blinde in ihren Augen Sünder und seine Heilung durch Jesus sündhaftes Tun. Die Schlussfolgerung der Pharisäer erscheint irgendwie verkürzt und sie ist es auch. Die Pharisäer hatten nichts gegen den Blinden an sich – er gehörte zu ihrer Weltordnung dazu, seine Blindheit war für sie eine akzeptable Schuldfolge, besonderes Interesse hatten sie für ihn als Person nicht. Aber – und das ist doch irre! – Jesus heilt ihn an einem Sabbat! Das ist der Aufreger schlechthin. Jesus übertritt hier ein geistliches Grundgesetz. Aus heutiger Sicht kennen wir natürlich auch Jesu Aussage an anderer Stelle, dass der Mensch nicht für den Sabbat gemacht worden sei, sondern der Sabbat für den Menschen. Heute glauben wir, das zu verstehen, und befinden es für richtig. Ob wir diesen Umgang Jesu mit dem Gesetz Gottes, mit immerhin einem der Zehn Gebote, aber heute auch wirklich verstehen, wage ich zu bezweifeln. Wir haben so viel Angst, den „richtigen“ Weg zu verlassen oder nur zu hinterfragen, dass wir uns häufig wieder an den Buchstaben des Gesetzes klammern in der vermeintlichen Annahme von Sicherheit. Nicht anders ging es den Pharisäern. Sie entzweiten sich dann darüber, was schlimmer war: dass Jesus als (aus ihrer Sicht) Sünder ein Wunder tut oder dass er am Sabbat heilt (Johannes 9,16). Um den ehemals Blinden kümmerten sie sich nur, um ihre geistlichen Dispute zu klären, sich jeweils zu profilieren und gegenüber den Kollegen recht zu behalten. Im Ergebnis kommen sie zu dem Schluss, dass der Blinde in Sünde geboren ist und Sünder bleibt und Jesus von Gott kommen müsste, um solch ein Wunder zu tun. Letzteres scheinen sie aber nicht annehmen zu wollen und deshalb verbleiben sie in dem Wirrwarr ihrer Gedanken und in ihrer Verurteilung. Auch das erinnert mich sehr an unseren Umgang mit theologischen Fragestellungen. Fragestellungen, die eigentlich immer das Leben und die Würde einzelner Menschen und Menschengruppen betreffen. Der ehemals Blinde steht im Raum, die Pharisäer spalten sich in zwei Lager und streiten über die richtige Gesetzesauslegung in dem Bemühen, sich jeweils zu behaupten, nicht abzurücken von dem, was eigens als Wahrheit erkannt wurde und vertreten werden muss. Der ehemals Blinde steht im Raum, steht daneben, ist der Stein des Anstoßes – für den sich niemand interessiert. Er wird herabgewürdigt, degradiert auf ein Bewertungs- und Diskussionsobjekt, einen Anlass zum Streit. Seine Perspektive interessiert auch nicht, die ist in dem Rechtsstreit der Klugen nicht relevant, dazu kann er bestimmt nichts beitragen. Die stillschweigende Unterstellung, Betroffene könnten nicht objektiv sein, übersieht allzu oft, dass in solchen Auseinandersetzungen jeder Beteiligte um seine subjektive Wahrheit bangt. Wo kämen wir denn hin, wenn wir die Betroffenen in die Beurteilung über sie mit einbeziehen würden?

Der Abschluss dieser Begebenheit schlägt dem Fass den Boden aus. Jesus beschreibt seine Anwesenheit als Vollzug von Gottes Gericht. Dieses Gericht besteht darin, dass diejenigen, die nicht sehen, sehend werden sollen, und diejenigen, die sehen, blind werden sollen. Auf die folgerichtige Nachfrage der Pharisäer, ob sie etwa blind seien, kommt Jesu Antwort hart: „Wenn ihr blind wäret, hättet ihr keine Schuld. Doch ihr sagt: Wir können sehen. Darum bleibt eure Schuld bestehen." Jesu Antwort trifft wie immer den Kern der Frage und beantwortet sie tiefer als gewünscht. Jesus sagt den Pharisäern gar nicht, dass sie blind wären. Er nimmt ihre Selbstbewertung und zieht daraus einen geistlichen Schluss über ihre Schuld. Sie hätten sich doch gewünscht, dass Jesus gesagt hätte, sie seien nicht blind. Jesus tut das auch – gewissermaßen. Er entspricht mit seiner Antwort der Selbstdefinition der Pharisäer und verurteilt diese. Das ist schlimmer, als wenn er sie als blind bezeichnet hätte, schlimmer als das, was die Pharisäer nicht hören wollten. Aber über diese Selbstdefinition, diese Behauptung, sehend zu sein, den Durchblick zu haben, richtig zu liegen, spricht Jesus ein hartes Urteil.

Der Blinde wusste, dass er blind war, er wusste auch, dass dies nicht der Normalzustand im Vergleich zu anderen Menschen war. Er konnte es sich – da von Geburt an blind – zwar nicht vorstellen, was Sehen bedeutet, aber er wusste, dass alle sehenden Menschen um ihn herum Dinge tun konnten, die er entweder gar nicht oder nur mit Hilfe zu tun imstande war. Der

Blinde wusste auch, dass seine Blindheit die Abweichung vom menschlichen Normalzustand und nicht umgekehrt das Sehen die Abweichung war. Seine „Normalität“ hatte nichts mit der Normalität der anderen gemein.

So geht es mir oft. Ich habe mich (und auch andere Menschen) schon so oft gefragt und zu verstehen versucht, wie heterosexuelles Empfinden sich anfühlt. Es ist nicht so, dass ich Männer abstoßend fände oder ihre Herzen nicht mögen würde. Genauso wie ich nicht jede Frau attraktiv finde, finde ich Männer nicht per se unattraktiv – aber sie lösen in mir das Entscheidende nicht aus. Es gibt Männer, die mir wirklich nah sind, die ich von Herzen lieb habe und nicht missen möchte, aber die Vorstellung eines partnerschaftlichen Miteinanders auf Dauer löst in mir Weglauftendenzen aus. Mir ist irgendwann aufgefallen, dass ich in meinem Wunsch, heterosexuell zu empfinden, versucht habe, geeignet erscheinende Männer emotional nah an mich heranzulassen. Ich träumte bereits vom Hochzeitstag, die ganze Gemeinde versammelt, die Familie in der ersten Reihe, meine Eltern überglücklich. Es wurde eine Trauung mit klarer evangelistischer Botschaft für all diejenigen Gäste, die Jesus nicht kennen. Wie glücklich alle waren! Endlich war die Zeit der (homosexuellen) Enttäuschungen vorbei. Mein Glück in diesen Träumen bestand im Glück meiner Mitmenschen, vorrangig dem meiner Eltern. Es machte mich glücklich, nicht mehr die lesbische Tochter, die vom Weg Abgekommene, die unter geistlichem Beschuss Stehende zu sein. Endlich angekommen in der Zufriedenheit der anderen. Dann gab es in diesen Träumen – die bis dahin nichts mit dem Mann zu tun hatten, den ich mir gerade zu heiraten erträumte – immer den Moment des Ja-Worts ... und der Mann hatte kein Gesicht. Er existierte nicht. Er existierte in der Realität, aber nicht in dieser Rolle des Bräutigams und Ehemanns. Ich träumte nicht von ihm, sondern von der Befriedigung des Sturms in mir, die mir durch eine heterosexuelle Hochzeit greifbar schien.

Lerne ich hingegen eine Frau kennen, die mein Herz berührt, möchte ich mit ihr zusammen sein, mit ihr Leben teilen. Ich träume von Nachmittagen auf dem Sofa, an denen es draußen regnet, kein Telefon klingelt und jeder liest sein Buch, es berühren sich unsere Füße. Sie hat ein Gesicht, sie hat ein Wesen, das ich um mich haben möchte, mit dem ich in tiefer Beziehung sein will. Gemeinsam allein sein, jemanden um mich haben, der meine Lebenswelt ergänzt und bereichert. Das konnte ich mir bisher bei keinem Mann und tatsächlich auch nur bei sehr wenigen Frauen vorstellen. Die Vorstellung, der Mann, den ich gerade an mich heranzulassen gedachte, wäre um mich und in meinem Alltag, hat mich massiv gestresst. Von partnerschaftlichen Zärtlichkeiten ist da noch gar nicht die Rede. Wenn ich dann „aufwache", komme ich unweigerlich zu der Frage, wie blind ich eigentlich bin. Warum kann ich in heterosexuellen Beziehungen nicht das finden, was der „normale" Mensch dort findet? Warum sehe ich in einem Mann kein partnerschaftliches Gegenüber, in einer Frau aber wohl? Das ist unnormal, das ist tatsächlich blind für das Normale.

An anderer Stelle bin ich normal. Ich habe beispielsweise zwei Beine. Ich kann mir nicht vorstellen, wie mein Leben im wahrsten Sinne des Wortes verlaufen wäre, wäre ich mit nur einem Bein auf die Welt gekommen. Darüber, wie es ist, mit nur einem Bein zu leben, maße ich mir kein Urteil an, weil ich eben nicht weiß, was es bedeutet, auf einem Bein „blind" zu sein. Aber ich kenne meine eigene Blindheit nur zu gut – andere wiederum können sie einfach nicht nachvollziehen. Würde ich mir das Urteil über den Einbeinigen doch anmaßen, kann ich das nur aus meiner Perspektive tun. Das Erste, das mir einfällt, ist die Befreiung vom schulischen Sportunterricht – der glückliche Einbeinige muss nicht Runde um Runde um den Schotterplatz laufen. Selbst als Zweibeiner habe ich damals die Abkürzung über die Mitte genommen, wenn der Sportlehrer weggeschaut hat. Außerdem wäre das Leben sockentechnisch gesehen um die Hälfte günstiger. Absurde Gedanken? Ja, weil wir sofort merken, dass davon nichts die Welt des Einbeinigen tatsächlich betrifft. Oft erlebe ich aber solche absurden Gedanken ausgesprochen von heterosexuell empfindenden Menschen über homosexuell empfindende Menschen: „Ihr macht es euch leicht, folgt einfach euren Trieben, während wir an unsere Ehen gebunden sind." Ist das weniger absurd? Ich meine nein. Mir werden oft Argumente entgegengehalten, die mit meiner Situation nicht das Geringste zu tun haben – über die Situation des Aussprechenden aber Bände sprechen. In dem Beispiel mit der Beurteilung einer Einbeinigen-Situation wird meine Perspektive als Zweibeinige deutlich – nichts von dem ist Folge davon, dass ich mich in ihn hineinversetzt hätte. Wenn ich das täte, sähen die Erkenntnisse doch ganz anders aus und führten mich demütig dazu, dass ich keine Vorstellung davon habe, was es bedeutet, mit einem Bein zu leben. Tatsächlich kann ich mich als Zweibeiner aber immerhin auf ein Bein stellen und so ansatzweise versuchen, die Lebenssituation des Einbeinigen nachzuempfinden. Aber es wird ein kurzer Versuch bleiben, der mir nur den Hauch einer Ahnung zuteil werden lässt. Ich kann mir nicht vorstellen, wie es wäre, wenn mir ein Bein von jetzt an fehlen würde oder vielleicht noch nie da gewesen wäre. Ich glaube mittlerweile, dass ein heterosexuell empfindender Mensch von sich aus mindestens genauso wenig Ahnung von dem Innenleben eines homosexuell empfindenden Menschen hat. Ein heterosexuell empfindender Mensch kann sich auch nicht einmal „auf ein Bein stellen", um das nachzuempfinden. Stattdessen werden Vergleiche mit dem eigenen (problematischen) Erleben von Sexualität gezogen: Pornografie, Prostitution, ehebrecherische Gedanken, triebgesteuertes Verhalten etc. (die Liste kann beliebig verlängert werden). Es wird etwas übersetzt, was nicht übersetzungsfähig ist. Dabei ist das angewandte Vokabular dem Wörterbuch „Homosexualität ist Sünde“ entnommen – und in der Sicherheit der daraus gezogenen Wortwahl werden die oben genannte Vergleiche gezogen ohne Verständnis für das besprochene Thema. Eigentlich immer, wenn ich mich einem heterosexuell empfindenden Menschen anvertraut habe, der dann nicht weggelaufen ist, und der mich befragt hat, verstehen wollte, wovon ich eigentlich rede, mir geholfen hat, mich überhaupt zu artikulieren, erlebte ich eine immer deutlicher werdende Ahnungslosigkeit und wachsende Demut bei meinem Gegenüber. Es war ihm oder ihr nicht ansatzweise vorstellbar, wovon ich da spreche, wie ich das erlebe und welche Bedeutung es in meinem Leben hat – oder auch nicht hat. „Ich gehe ja auch nicht in den Puff, nur weil ich nicht verheiratet bin“, war einmal die schriftliche Reaktion aus dem engsten Familienkreis auf mein danach allseits wieder verdrängtes Outing mit Anfang 20. Das hat gesessen. Und es war verletzend. Ungewollt verletzend. Ich wusste, dass es der Antrieb dieser Person war, mich retten zu wollen. Retten davor, mir selbst den Weg in die Hölle zu pflastern. Es war keine Spontanreaktion, sondern eine verschriftlichte Beurteilung, die das vermeintliche Sehenkönnen der Autorin für meine, aber auch für ihre Situation widerlegt hat. Ich weiß, dass ich blind bin – das kann aus der Welt der Sehenden aber nicht nachempfunden und auch nicht beurteilt werden. Genauso wenig kann aber doch von einem Blinden verlangt werden, dass er die sichtbare Welt versteht und sich in ihr bewegt, als würde er sie selbst sehen.

Jesu Antwort: „Wenn ihr blind wärt, hättet ihr keine Schuld“, tröstet mich. Auch meine (sexuelle) Blindheit ist Folge des Sündenfalls – aber sie ist nicht die Sünde. Dass ich so empfinde, wie es nun einmal ist, und ich nicht den Normalzustand erreichen kann, bringt Jesus nicht nur nicht mit Sünde in Verbindung – er spricht den Blinden bezüglich seiner Blindheit und ihrem Ursprung sogar von Schuld frei. Er vergibt nicht etwa, er sagt, dass da überhaupt keine Schuld ist.

Eine Folge des Sündenfalls kann also eine Abweichung von der Schöpfungsordnung sein, aber sie ist an sich keine Schuld – in Abgrenzung zur Ursünde. In das Weltbild der Normalen, der Sehenden passt Jesu Auffassung aber nicht hinein. Nicht nur die Pharisäer verbinden die Abweichung des Blinden von der Schöpfungsordnung mit Sünde, auch die Jünger, die Nachfolger Jesu, fokussieren sich nur auf diesen Aspekt. In dieser Geschichte wird so deutlich, dass Gott uns ganz anders ansieht, als es unsere Mitmenschen und auch unsere geistlichen Geschwister tun. Er kennt den Hintergrund, die Ursachen, den Sündenfall und seine Auswirkungen. Seine Barmherzigkeit und Fürsorge stehen auch und gerade über den Abweichungen von seinen Schöpfungsideen (denn wo sonst bräuchten wir sie?), weil er weiß, dass wir mit den Folgen des Sündenfalls so sehr zu kämpfen haben. Allein aus diesem Grund wäre es fatal, junge Menschen in ihrer Identitätsfindung geistlich nicht zu begleiten. Die aktuellen Diskussionen über die Zulässigkeit von Konversionstherapien gehen aber wie so oft auf beiden Seiten an Gott vorbei – dabei muss es doch als Vorbild für uns darum gehen, wie er mit den Betroffenen umgehen würde. Jesus heilt den Blinden, aber er heilt nicht alle Blinden und die, die er nicht heilt, sind deshalb immer noch nicht schuldig. Der geheilte Blindgeborene wurde nicht aufgrund seiner individuellen Schuldlosigkeit geheilt, sondern um an ihm Gottes Wirken, sein Gericht über die Selbstgerechten deutlich zu machen. Die nicht geheilten

Blinden sind und bleiben auf Gottes Fürsorge und Barmherzigkeit und die Mithilfe ihrer Geschwister zur Abmilderung der Folgen des Sündenfalls angewiesen, damit sie ihr Leben ertragen können – damit unser Leben erträglich wird.

Dass Homosexualität Folge des Sündenfalls ist, ist mir, auch wenn es nicht Schuld oder gar Sünde ist, unbequem; es verletzt meinen menschlichen Stolz, weil es mich abhängig macht von der Barmherzigkeit Gottes. Ich glaube aber, so geht es allen Menschen. Vieles von dem, was in uns drin ist, ist Folge des Sündenfalls, ist unangenehm und nicht akzeptabel. Wir wollen dann doch lieber sein wie Gott und über dem Sündenfall stehen, wir wollen beurteilen, was Schuld ist, worin sich Sünde zeigt, welche Menschen richtig sind in Gottes Augen und welche nicht. Wir selbst kommen dabei meist ganz gut weg. Die Menschen, die Gott nicht kennen, machen es im Übrigen genauso. Sie lehnen die Existenz der Sünde an sich ab und kommen damit zu dem Schluss, dass alles, was auf dieser Erde vorzufinden und nicht eindeutig böse ist, gut ist. Nur Gott ist gut und das, was er tut. Dieses Aufbegehren ist nicht nur Folge des Sündenfalls, das ist die Ursünde. Damit wir aber mit unserer Selbstverliebtheit nicht an Gott vorbeileben und fahnenschwenkend in den ewigen Tod stapfen, ist Jesus gekommen und selbst in den Tod gegangen, um der Schlange den Kopf zu zertreten. In dem Wissen, dass die Schlange verloren hat und ich mit meinem Leben an Jesus hänge, will ich mich bewusst mit meinem aufkeimenden Stolz unter Gottes Barmherzigkeit und seine Kraft stellen, damit der Stolz erstickt. Ja, mein homosexuelles Empfinden ist Folge des Sündenfalls und ja, ich bin ganz und gar auf die Barmherzigkeit Gottes angewiesen.

Die Vergleiche mit einem Einbeinigen oder einem Blindgeborenen verleiten dazu, Homosexualität als Behinderung zu bewerten. Dazu denke ich dreierlei: Alles, was wir erleben, was über diese Erde läuft, ist vom Sündenfall beeinflusst – da macht Homosexualität (übrigens auch Heterosexualität) keine Ausnahme, aber ist auch nichts besonders Abzuwertendes. Des Weiteren sehe ich Behinderung nicht als Abwertung eines Menschen, bereits menschlich nicht, geistlich erst recht nicht. Dass Jesus denen, die unter einer Abweichung von der Norm – also der Mehrheit – litten, besonderes Augenmerk geschenkt hat, lässt mich für meine Situation hoffen. Ob eine Behinderung eine wertneutrale Tatsache ist oder als einschneidender Makel empfunden wird, hängt für den Betroffenen nicht zuerst von seiner Selbstbewertung ab, sondern orientiert sich entscheidend an der ihm entgegengebrachten Fremdbewertung. Dass mich Menschen, geistliche Geschwister, anders angesehen haben, nachdem sie von meiner Homosexualität wussten, hat mir genau das vor Augen geführt. Ich war in abzuwertender Art und Weise anders als sie. Oder „das Thema" wurde nie wieder angesprochen und alles, was damit zusammenhing, umschifft. Damit wird die Beziehung gleich mitbehindert und ist letztendlich häufig kaputtgegangen. Wenn eine offensichtliche Abweichung von der Norm aber einfach ignoriert wird, kommt denklogisch irgendwann der Punkt, an dem sich diese Abweichung öffentlich Bahn bricht. Mit zunehmend heiratsfähigem und -pflichtigem Alter hörte ich immer häufiger die Frage nach meinen Absichten, eine Familie zu gründen oder wenigstens einen Ehemann zu finden. Das geht nicht nur homosexuell empfindenden Menschen so. Spätestens mit 30 Jahren muss man sich eine Antwort auf diese Frage zurechtlegen. Je nach gewählter Antwort hat man danach viele Beter hinter sich, die den eigenen Familienwunsch von Herzen mittragen – oder sie beten, dass man es schafft, der homosexuellen Begierde zu widerstehen und man von dieser Behinderung geheilt wird. Mit dieser Behinderung kann man nicht einfach sein, ohne dass sie immer wieder bekämpft werden müsste. Dadurch werde ich auf diese Normabweichung reduziert, darauf, so nicht gottgewollt zu sein. Wollte ich die Beziehung zu meinem Gegenüber nicht gefährden, habe ich selbst von meinem homosexuellen Empfinden direkt als Gefährdung und Belastung gesprochen. Mit dieser geistlich „richtigen" Selbstbewertung konnte ich mich in der Achtung anderer wieder etwas aufwerten bzw. habe sie selbst so geglaubt und mich entsprechend definiert.

In meinem eigenen Prozess der letzten Jahre, danach zu fragen, ob Gott bei mir einen Fehler gemacht hat, wurde für mich schlussendlich Psalm 139 bedeutsam. Zeitlich weit nach dem Sündenfall, als alle Schöpfung gegenüber den paradiesischen Zuständen quasi behindert war, stellt der Psalmist fest, dass Gott ihn wunderbar gemacht hat.

> „Ich preise dich darüber, dass ich auf eine erstaunliche, ausgezeichnete Weise gemacht bin. Wunderbar sind deine Werke, und meine Seele erkennt es sehr wohl." (Psalm 139,14)

... es sei denn, du bist homosexuell?

Nein! Gott hat mich wunderbar gemacht, auf erstaunliche, ausgezeichnete Weise. Nicht nur ein bisschen gut oder ausreichend lebensfähig, nein: wunderbar. Dieses Wort habe ich lange durchgekaut, es hat mich gequält und angeklagt, weil ich doch weit weg von „wunderbar gemacht" war. Letztendlich habe ich erkannt, dass es ein Schritt des Gehorsams und der Ehrfurcht vor der Schöpferkraft Gottes ist, anzuerkennen, dass diese Worte auch für mich gelten, gelten müssen.

Eine Pro-These

Es wird zurzeit mal wieder heftig darüber gestritten, ob homosexuelle Paare in unseren Kirchen und Gemeinden getraut oder gesegnet werden können oder nicht. Unter dem Titel *Was Gott nicht segnet, kann die Kirche nicht segnen* tritt der württembergische Arbeitskreis des deutschlandweiten „Netzwerk Bibel und Bekenntnis" mit insbesondere im Tonfall breiter Brust gegen die Idee der EKD und mehrerer Landeskirchen, homosexuelle Paare segnen oder trauen zu können, ins Feld. Ehrlich gesagt erinnert mich diese Verlautbarung sehr an die Diskussion der Pharisäer im Johannesevangelium. In dieser theologischen Abhandlung wird so viel „Richtiges" geschrieben in der Überzeugung darüber, selbst sehend zu sein. Als Betroffene stehe ich daneben und würde gerne – wenn es nicht so ein erhebliches Verletzungspotenzial hätte – jeden Einzelnen der Autoren nach seinen persönlichen Begegnungen mit homosexuell empfindenden Menschen befragen (danach würde ich dann gerne die homosexuell empfindenden Gesprächspartner nach ihrem Erleben in diesen Gesprächen befragen). Nicht selten sind es gerade diese Brüder, die gerne lauthals verkünden, dass homosexuell empfindende Menschen in ihren Gemeinden sehr willkommen sind, sofern sie sich an die Ordnung Gottes halten, ihrer Auslegung nach also enthaltsam leben. Diese Option ist festgelegt. Unter dieser Prämisse, diesem „Willkommensein" lebe ich bis heute, und diese vermeintliche Offenheit der Geschwister führt dazu, dass ich meine sexuelle Orientierung verschweige. Ich kann mich nicht erinnern, wie oft ich in dem Versuch, dieses Willkommensein zu erleben, stehen gelassen wurde. Nein, da ging es nicht darum, ob mir „erlaubt" wird, homosexuell zu leben. Nicht nur in meiner Jugend habe ich mehrere Male erlebt, dass Menschen, denen ich mich anvertraut habe, das Gespräch abgebrochen, mindestens aber das Thema gewechselt haben. Die Antwort: „Ich bin sicher, dass du nicht lesbisch bist", kam dabei ausgerechnet von Männern, von Frauen kam überwiegend gar nichts. Ich war nach solchen Gesprächen verlassener als vorher und ganz bestimmt nicht willkommen, nicht auf diese Art und Weise.

Erst kürzlich habe ich die Aussage der nicht einmal christlich-evangelikal sozialisierten lesbischen Comedian Hannah Gadsby in der Bühnenshow „Nanette" als einschlagend wahr empfunden: „Als ich in meiner Teeniezeit meine sexuelle Orientierung wahrnahm, war ich selbst bereits aufgrund meiner Prägung und Umgebung bis auf die Knochen homophob." Besser kann ich das nicht ausdrücken und welche Begleitumstände diese Tatsache hat, kann ich auch als Betroffene nur ansatzweise in Worten ausdrücken: Selbstablehnung, Selbsthass, Scham, Selbstverachtung bis in die kleinste Faser meines Seins hinein – ein Freudenfest für den Teufel. Ich kann doch aus meiner Prägung nicht aussteigen, nicht umfänglich. Interessanterweise wird dieses Selbstbild von der Kontra-Homosexuellen-Fraktion als Folge des homosexuellen Empfindens an sich gesehen, als etwas, das eben aus der Homosexualität, aus dem Bösen in ihr selbst erwächst (vgl. Christl Vonholdt). So habe ich es lange Jahre auch geglaubt. Tatsächlich kann man dem ehrlichsten Kind einreden, dass es ein Lügner ist und aus seinem Herzen nur Unwahrheit kommt – und es wird das glauben und nur mit viel göttlicher und menschlicher Hilfe die tatsächliche Lüge enttarnen. Dennoch wird dies wohl immer seine persönliche Falle bleiben, in die es in unsicheren Zeiten wieder hineintappt. Aber von Mal zu Mal wird der Rückweg zu dem, was als Erkenntnis angenommen wurde, kein Lügner zu sein, kürzer werden. Dass Jesus mich liebt, als homosexuell empfindender Mensch, konnte ich bis vor anderthalb Jahren nicht hören. Ich habe nur gehört, dass er mich liebt, wenn ich diese Neigung im Griff habe, was auch immer das genau bedeuten mag, denn dafür gab und gibt es keine Hilfestellung. Diese Annahme führte mich in die Sackgasse – denn mein homosexuelles Empfinden änderte sich trotz aller Bemühungen nicht. Der Umstand, blind zu sein, wird unerträglich, wenn er von den Mitmenschen mit Scham und Schuld beladen wird. Wie lernt man, sich nicht zu verlieben, ja, nicht einmal eine Empfindung zuzulassen, die über platonische Wahrnehmung hinausgeht? Jede Frau, die etwas in mir auslöste, das ich nicht mehr auf der platonischen Ebene verorten konnte, wurde für mich zur wandelnden Anfechtung. Dazu reichte ein kurzer Blick in der überfüllten Fußgängerzone. Einfach nur, weil mir dieser Mensch gefiel – was aber nicht sein durfte. Mir wird dann körperlich übel. Übelkeit hat sich bei mir irgendwann als das Standard-Homo-Gefühl durchgesetzt. Damit wache ich in den Zeiten, in denen das Thema besonders präsent ist, jeden Morgen auf.

All das führt mich zu der Frage, wie wir eigentlich mit den Folgen des Sündenfalls als Christen umgehen sollen. Verleugnen, verteufeln, abschieben, ausblenden, wegbeten? Dies ist die Realität in unseren christlichen Gemeinden und Familien bis heute. Elektroschocks und Kastration sind mittlerweile glücklicherweise überholt. Wer diese Realität beschönigen will, hat sich mit den Lebensbildern Betroffener noch nicht befasst, die es mittlerweile für jeden frei zugänglich gibt (Timo Platte (Hrsg.), *Nicht mehr schweigen*, 2019). Ehrlicherweise kann ich das nicht nur als Betroffene so sagen, sondern auch als Teil dieser Gemeinden und natürlich auch als Teil meiner Prägung. Ich stehe auf beiden Seiten. Ich empfinde homosexuell und verleugne es, verteufle es, schiebe es weg, blende es aus und habe nicht nur dagegen angebetet, sondern gefleht, geschrien und geweint.

Unser Umgang mit homosexuell empfindenden Menschen dürfte sich doch aus theologischer Sicht nicht von unserem Umgang mit anderen Folgen des Sündenfalls – nicht mit Sünde an sich – unterscheiden. Ich habe oben schon festgestellt, dass wir uns alles menschlich Mögliche einfallen lassen, um die Folgen des Sündenfalls für uns erträglich zu machen; je mehr Menschen die jeweiligen Folgen betreffen, desto mehr investieren wir an Geld und Einfallsreichtum, um ein beschwerliches Leben zu erleichtern. Hinzu kommt der diakonische Auftrag, der uns animieren will, Krankes zu versorgen und Schwaches zu stärken. Wir preisen medizinische Erkenntnisse als Geschenk und Segen Gottes, wenn sie geeignet sind, Leiden zu lindern, Krankheiten zu heilen und ein menschenwürdiges Leben möglich machen. Denken wir an Kriegs- oder Verbrennungsopfer, denen mit vielen Operationen die Möglichkeit eröffnet wird, ein ansatzweise normales oder doch wenigstens den Umständen entsprechend würdevolles Leben zu leben. Niemand würde heute in christlichen Gemeinden behaupten, Verbrennung und Entstellung sei als gottgegebenes Schicksal und Folge des Sündenfalls (die Welt ist nun einmal schlecht) hinzunehmen und es solle kein Versuch unternommen werden, einem möglichst normalen Leben, den ursprünglichen Sehnsüchten eines jeden Menschen entsprechend, entgegenzustreben. Ich möchte den Christen sehen, der dem einbeinigen Bruder die Prothese abreißt und ihm im Namen Gottes zuspricht, dass er nur dann im Segen Gottes leben würde, wenn er nicht so täte, als sei er ein Zweibeiner. Das Leben auf zwei Beinen sei eben nur den Zweibeinigen vorbehalten, alles andere führe Gottes Schöpfungsordnung ad absurdum, denn eine Prothese könne nie ein richtiges, ein vom Schöpfergott erdachtes Bein sein.

Mal wieder absurd? Für die Situation mit dem Einbeinigen wohl. Jeder würde sich für ihn freuen, wenn eine Prothese ihm die Möglichkeit gibt, an einem menschlichen Leben möglichst normal teilzuhaben – unnormal, aber mit einer Prothese so nah dran wie möglich.

Die Ehe finden wir in der Bibel nur als ein partnerschaftliches Beziehungsmodell zwischen einem Mann und einer Frau. Jesus hat jedenfalls die alttestamentliche Mehrehe weder wiederbelebt noch konkret unterstützt. Deshalb bleibe ich hier bei der monogamen Ehe. Wenn aber nun Menschen dieser Eheführung nicht fähig sind, ihr Menschsein an sich jedoch schöpfungskonform die Sehnsucht nach Partnerschaft, nach einem einzelnen Gegenüber, mit dem sie sich verschmelzen wollen – was den homosexuell empfindenden Menschen übrigens nicht zu selten als Umstand vorgeworfen wird, der eine Schöpfungswidrigkeit belegen würde, seltsam – mit sich bringt, wie sähe dann eine Prothese aus? Darf es da eine Prothese geben?

IV. Du bist, was du tust?!

Ich finde in der Bibel keinen positiven Befund über Homosexualität, weder im Empfinden, das völlig unerwähnt bleibt, noch im Ausleben. Beispiele, die gerne herangezogen werden wie die von David und Jonathan, Ruth und Naomi oder gar Jesus und Johannes, sind aus meiner Sicht nicht haltbar, sondern stellen eine uns Juristen verbotene „Sachverhaltsquetsche" dar: Es wird ein Umstand miteinbezogen und mitgeprüft, der dem Sachverhalt einfach nicht zu entnehmen ist. Über homosexuelle Praxis, die sich in der Bibel nur in dem Umstand des sexuellen Verkehrs an sich wiederfindet, gibt es hingegen verschiedene Stellen, die auch verschiedene Vorkommnisse homosexueller Praxis beschreiben, beispielsweise Ehebruch, sexuellen Missbrauch und Pädophilie. Da ich hier weder die Frage stelle, ob denn eine Ehe durch außerehelichen homosexuellen Verkehr gebrochen werden dürfte, noch ob sexueller Missbrauch oder der sexuelle Verkehr mit Minderjährigen biblisch ist, lasse ich diese Stellen außen vor – sie wurden auch schon hinreichend diskutiert – zum Beispiel in Valeria Hincks Buch *Streitfall Liebe* oder in: *Homosexualität: Auf dem Weg in eine neue christliche*

Ethik? von Carsten „Storch" Schmelzer. Sicherlich prägen diese Bibelstellen auch das Gesamtbild, setzen meines Erachtens jedoch einen anderen Schwerpunkt. Dennoch wird auch in ihnen Homosexualität nicht positiv dargestellt oder differenziert von den Vorwürfen des Ehebruchs, des Missbrauchs oder der Pädophilie betrachtet.

Der unnatürliche Verkehr

Die Stelle aus Römer 1 hingegen – wenn auch ebenso diskutiert – hat sich mir bis heute nicht erschlossen.

> „Gott lässt nämlich auch seinen Zorn sichtbar werden. Vom Himmel her lässt er ihn über alle Gottlosigkeit und Ungerechtigkeit der Menschen hereinbrechen. Denn mit dem Unrecht, das sie tun, treten sie die Wahrheit mit Füßen. Dabei ist doch das, was man von Gott erkennen kann, für sie deutlich sichtbar; er selbst hat es ihnen vor Augen gestellt. Seit der Erschaffung der Welt sind seine Werke ein sichtbarer Hinweis auf ihn, den unsichtbaren Gott, auf seine ewige Macht und sein göttliches Wesen. Die Menschen haben also keine Entschuldigung, denn trotz allem, was sie über Gott wussten, erwiesen sie ihm nicht die Ehre, die ihm zukommt, und blieben ihm den Dank schuldig. Sie verloren sich in sinnlosen Gedankengängen, und in ihren Herzen, denen jede Einsicht fehlte, wurde es finster. Weil sie sich für klug hielten, sind sie zu Narren geworden. An die Stelle der Herrlichkeit des unvergänglichen Gottes setzten sie das Abbild des vergänglichen Menschen und die Abbilder von Vögeln, vierfüßigen Tieren und Kriechtieren. Deshalb hat Gott sie den Begierden ihres Herzens überlassen und der

Unsittlichkeit preisgegeben, sodass sie ihre eigenen Körper entwürdigten. Denn sie vertauschten die Wahrheit, die Gott sie hatte erkennen lassen, mit der Lüge; sie verehrten das Geschaffene und dienten ihm statt dem Schöpfer, der doch für immer und ewig zu preisen ist. Amen. Aus diesem Grund hat Gott sie entehrenden Leidenschaften preisgegeben. Die Frauen vertauschten den natürlichen Geschlechtsverkehr mit dem widernatürlichen, und genauso machten es die Männer. Statt mit Frauen zu verkehren, wie es der natürlichen Ordnung entspricht, wurden sie von wildem Verlangen zueinander gepackt; Männer ließen sich in schamlosem Treiben mit anderen Männern ein. So rächte sich, wie es nicht anders sein konnte, ihr Abirren von der Wahrheit an ihnen selbst. Und da die Menschen es nach ihrem eigenen Urteil nicht nötig hatten, Gott anzuerkennen, hat Gott sie ihrem Verstand preisgegeben, der zu keinem vernünftigen Urteil mehr fähig ist, sodass sie Dinge tun, die sie nie tun dürften. Es gibt keine Art von Unrecht, Bosheit, Gier oder Gemeinheit, die bei ihnen nicht zu finden ist. Ihr Leben ist voll von Neid, Mord, Streit, Betrug und Hinterhältigkeit. Sie reden abfällig über ihre Mitmenschen und verleumden sie. Gottesverächter sind sie, gewalttätige, arrogante und großtuerische Menschen, erfinderisch, wenn es darum geht, Böses zu tun. Sie gehorchen ihren Eltern nicht und sind unbelehrbar, gewissenlos, gefühllos und unbarmherzig. Und obwohl sie genau wissen, dass die, die so handeln, nach Gottes gerechtem Urteil den Tod verdienen, lassen sie sich nicht von ihrem Tun abbringen, im Gegenteil, sie finden es sogar noch gut, wenn andere genauso verkehrt handeln wie sie." (Römer 1,18–32)

Bei dieser Bibelstelle schüttelt es mich immer wieder. Hier wird abgrundtiefe Gottlosigkeit beschrieben, eine Auflehnung gegen Gott, die ich unerträglich finde und die mit den Worten von Paulus nach Gottes gerechtem Urteil den Tod verdient hat. Als Gipfel der Gottlosigkeit wird hier die Abkehr vom natürlichen zum unnatürlichen Sexualverkehr aufgeführt, eine Lebensweise, in die Gott selbst diejenigen, die ihn ablehnen, „preisgibt". Bevor er das tut, verehren die Menschen Götzen, seien es Tiere oder der Mensch selbst, der da vergöttert und Gott gleichgestellt wird. Dies tun sie als Folge davon, dass sie Gott, obwohl er sich ihnen zeigt, nicht als Gott anerkennen und ihm nicht die Ehre geben. Sodann überlässt Gott sie ihren Begierden, die hier in dem Verlassen des natürlichen Sexualverkehrs gipfeln.

Paulus definiert hier nicht, sondern er setzt voraus, dass der natürliche sexuelle Verkehr, derjenige, der den natürlichen Ordnungen entspricht, der heterosexuelle Verkehr ist. Das halte ich auch für legitim. Wie gesagt ist auch diese Stelle reich diskutiert worden und die Pro-Homo-Fraktion resümiert hier, dass für einen homosexuell empfindenden Menschen der natürliche Verkehr eben nicht der heterosexuelle sei, sondern der gleichgeschlechtliche. Von meinem eigenen Erleben her kann ich diese Argumentation gut nachvollziehen. Geschlechtsverkehr mit einem Mann widerstrebt meinem Innersten, es ist für mich nicht vorstellbar, das schön zu finden. In den Momenten, in denen ich mit Männern tatsächlich intim wurde, hat mich dieses Widerstreben auch vor Dummheiten bewahrt. Man kann mir jedenfalls nicht vorwerfen, ich hätte dem „natürlichen" Verkehr keine Chance gegeben; ist doch auch in christlichen Kreisen die nun fraglos unchristliche Vorstellung verbreitet, einer lesbisch empfindenden Frau müsse nur „gezeigt" werden, wie erfüllend Geschlechtsverkehr mit einem Mann ist (das habe ich viel schöner ausgedrückt, als es der Jargon üblicherweise tut). Dennoch: Bei all dem, was ich selbst als unnatürlich für mich empfinden mag, werde ich dadurch ja nicht die Ordnung, auf die Paulus sich hier bezieht, und die das Natürliche von dem Unnatürlichen unterscheidet, verändern. Ich halte es daher für eine Gedankenkrücke, das Natürliche umzudefinieren, um hier dem Schuldvorwurf mit Todesfolge entrinnen zu können.

Nun ist aber das Verlassen des natürlichen Verkehrs nicht der Anfang, sondern der absolute Gipfel einer Gott ablehnenden Haltung – das ist es, was mich zutiefst verwirrt. Anhand dieser Stelle verwundert es nicht, dass Homosexualität mit „triebgesteuert" und „gottlos" gleichgesetzt wird. Gott gibt die Gottlosen ihren „Begierden" hin und heraus kommt eine Abkehr vom heterosexuellen Verkehr. Paulus spricht hier nicht von Beziehungen oder Partnerschaften, sondern nur von dem Umstand des Sexualverkehrs, der als Partylebensstil propagiert zu werden scheint. Was mag bei Paulus damals los gewesen sein? Viele denken jetzt sicherlich an den Christopher Street Day, der leider genau dieses Bild auch aus meiner Sicht füttert – allerdings nicht mehr als die Love-Parade, die vorrangig von Heterosexuellen gefeiert wird. In Zügellosigkeit und Zurschaustellung menschlicher Begierden verherrlicht der Mensch sich selbst – das ist jedenfalls ein Teil dieser Paraden. Es gibt aber auch den Teil, wo Menschen sich vor anderen Menschen und auch vor Gott Gehör verschaffen wollen. Die Gottesdienste, die mittlerweile beim CSD angeboten werden, sind voll! Die Menschen stehen an und kommen Stunden vor Beginn, um am Gottesdienst teilnehmen zu können. Dass da keine Sehnsucht wäre, mit Gott zu leben, kann also – ohne die Inhalte der Gottesdienste zu beurteilen – nicht behauptet werden. Was für ein Drama! Abgesehen davon ist eine Parade, ganz gleich zu welchem Thema, immer pointiert. Kaum ein Mensch, der auf dem Marsch für das Leben gegen Abtreibung demonstriert, würde im Alltag ein weißes Kreuz auf seinen Büroschreibtisch stellen. Genauso alltagsfähig dürften auch die Teilnehmer anderer Paraden sein. Jedenfalls sollte man anfangen, das für möglich zu halten.

Fraglich ist für mich, ob Paulus wirklich von einem äußerlich erkennbaren Umstand – dem homosexuellen Verkehr – auf einen inneren schließt, zusammengefasst auf die Ablehnung Gottes, und ob dieser Rückschluss immer zutrifft. Im Umkehrschluss würde jeder, der homosexuell lebt, Gott zutiefst ablehnen und Götzen dienen, Gott nicht die Ehre geben und den Menschen verherrlichen. Darüber hinaus wäre bei jedem (!) von ihnen Unrecht in folgender Form zu finden: Bosheit, Gier, Gemeinheit, Neid, Mord, Streit, Betrug, Hinterhältigkeit, abfälliges Reden, Verleumdung, Gottesverachtung, Gewalt, Arroganz, Großtuerei, Erfindungsreichtum, um Menschen Böses zu tun, Ungehorsam gegenüber den Eltern, Unbelehrbarkeit, Gewissenlosigkeit, Gefühllosigkeit und Unbarmherzigkeit. Möglicherweise ist meine Wahrnehmung unbiblisch, dass ich diese Erfahrung mit homosexuell empfindenden und lebenden Christen nicht gemacht habe, jedenfalls nicht stärker oder häufiger, als es mir an heterosexuellen Christen auffällt – auch haben andere diese Erfahrung mit mir nicht gemacht. Nun ja, mein Verstand ist ja auch verdunkelt ... Kann das die Antwort sein? Ich bekomme all diese Boshaftigkeiten nicht einmal mehr mit? Nicht an mir und auch nicht an anderen? Für mich ergeben sich daraus gleich mehrere Unklarheiten:

„Gelebte" Homosexualität

Ausgelebt oder nicht ausgelebt? Das ist häufig die alles entscheidende Frage, bei der sich die Spreu vom Weizen trennt. Spätestens hier geht es um Himmel und Hölle – nicht im bildlichen Sinne. Aber was ist das eigentlich? Wo fängt sie an? Was ist im Gegenzug gelebte Heterosexualität? Doofe Frage?

Paulus spricht hier von Sexualverkehr, was das ist, bedarf wohl keiner Definition. Streng genommen können sich also Mann und Mann, Frau und Frau küssen und erotisch berühren, sofern es nicht zum eigentlichen Akt kommt. Geht es um Orgasmen? Worum geht es denn eigentlich? Das sind sehr intime Fragestellungen, mit denen sich daher auch niemand so recht beschäftigen mag. Die häufig vernommene Erwiderung, dass es auf diese Details nun wirklich nicht ankäme, lässt mich erneut Ahnungslosigkeit und die Unfähigkeit vermuten, über Sexualität zu sprechen. Beides ist in unseren Gemeinden tief verankert – das sieht jeder Eheberater. Für mich führte diese Schwammigkeit lange zu der Annahme, dass schon das bloße Gefallen an einer Frau, der erste Blick, der mich irgendwie berührt, tiefste Sünde ist. Einem ersten Blick kann man sich aber nie entziehen und schon hat man ein höllisches Problem, das in seinen Auswirkungen kaum jemand nachvollziehen kann. Ich war ziemlich streng mit mir, mag man meinen. Das stimmt, wird aber doch auch von uns gefordert, oder? Und es ist gewaltig stressbeladen, so zu leben. Irgendwann habe ich entschieden, für die Frauen, die mir gefielen, ein segnendes Gebet zu sprechen und sie damit, in der Hoffnung, den positiven Eindruck von ihnen loszuwerden, bei Jesus abzuladen. Das ist mal mehr, mal weniger gelungen. Manchmal rutscht mir dabei ein „Wow, Jesus, die ist toll. Die hast du echt gut gemacht" heraus. Vielleicht ist das die angemessenste Reaktion, auch wenn ich nicht sicher weiß, ob ich so beten darf.

Ich selbst komme um die Fragestellung, was Paulus hier unter Sexualverkehr versteht, also nicht herum. Man mag mir nachsehen, dass der Übertritt der Höllenschwelle nicht durch Unwissen geschehen sollte. Anders ausgedrückt: Wenn ich Gott gehorsam sein will, und das will ich, dann muss ich doch wissen, wo der Ungehorsam anfängt. Ehrlich gesagt würde ich jedem Christen empfehlen, für die Fragestellung, ob etwas Sünde ist oder nicht ist, auf den Heiligen Geist zu hören, denn er ist doch die göttliche Instanz, die in mir Wohnung genommen hat. Täte ich das in diesem Fall und käme zu einem Ergebnis, das die Kontra-Homo-Fraktion nicht teilt, würde mich der Vorwurf ereilen, den Heiligen Geist entweder gar nicht bekommen zu haben oder aber ihn mit meinen eigenen Wünschen und Begierden zu übertönen und mir seine angebliche Antwort nach meinen Vorstellungen zurechtzubiegen. „Du *willst* nicht auf Gott hören", ist eine oft vernommene Reaktion nur auf die Tatsache hin, dass ich festgelegte „Wahrheiten" und Meinungen hinterfrage, die nicht nur bei mir so viel Leid anrichten. Und an der Stelle des homosexuellen Lebens kommen wir an den Knackpunkt der Ahnungslosigkeit der nicht Betroffenen. Genauso wie ich ahnungslos bin, was das heterosexuelle Leben betrifft. Ich kann nicht *nicht* homosexuell leben. Denn ich ahne, dass homo- oder heterosexuelles Leben weit vor dem sexuellen Akt an sich beginnt. Ich degradiere mich oder auch den Menschen an sich nicht auf unsere sexuellen Triebe, das tue ich ausdrücklich nicht, aber unsere sexuelle Orientierung hat immer auch etwas mit unserer Gesamtwahrnehmung zu tun. Es ist schwer zu beschreiben, wie ich das Leben wahrnehme, wie ich Gemeinschaft mit Männern und Frauen wahrnehme – im Gegensatz zu dem, wie ein heterosexuell empfindender Mensch es tut. Ich stelle aber immer wieder fest, dass es da Unterschiede gibt. Jedenfalls sitze ich in keiner Runde als sexuell neutral, das tut kein Mensch (mit der möglichen Ausnahme der asexuell empfindenden Menschen. Mit Asexualität habe ich mich jedoch noch nie vertieft auseinandergesetzt und kann und möchte daher dazu auch keine Aussage treffen). Männer sind da, sind mir unsympathisch oder sympathisch, reagieren auf mich als Mensch oder als Frau oder sie tun es nicht. Frauen nehme ich anders wahr, sie lösen in mir eine andere Emotionspalette aus, sie fallen unter eine ganz andere Wahrnehmungsstruktur, die ich nicht steuere und – wie ich heute weiß – auch nicht ansatzweise verändern kann. Ich habe mehrfach den Versuch unternommen, einen Raum mit vielen Menschen zu betreten, auch mit neuen, mir unbekannten Menschen, auf Konferenzen, in Gottesdiensten, wo auch immer, und die Wahrnehmungsstruktur, die ich von Grund auf für Frauen habe, auf Männer anzuwenden. Nicht selten musste ich innerlich unwillkürlich lachen. Es geht nicht. Bei allem Bemühen und Beten. Es geht nicht. Darum kann ich mir heterosexuelles Empfinden und Leben nicht vorstellen, weil ich es nicht einmal willentlich für einen noch so kurzen Zeitraum produzieren kann – ich kann nicht auf beiden Beinen stehen, wenn ich nur eines habe. Demgegenüber fängt aber für mich das homosexuelle Leben schon bei dieser Wahrnehmungsstruktur an. Ich verhalte mich infolge dieser Wahrnehmungsstruktur Frauen gegenüber anders als Männern. Das ist bereits Tun.

Ist diese Schlussfolgerung jetzt albern und geht an der eigentlichen Fragestellung, die sich aus dem Römertext ergibt, vorbei? Da geht es ja ziemlich eindeutig um den sexuellen Akt an sich. Aber die Folgefrage ist: Wenn wir uns hier an den Buchstaben des Textes klammern, dann müsste alles, was „vor dem Akt" liegt, davon nicht umfasst sein. Alles, was davor liegt, beginnt eben bereits bei der Wahrnehmung, denn sie ist in meinem Leben Homosexualität bzw. ein Ausdruck von ihr. Sie wird so häufig auf den Begriff der „gelebten Homosexualität" reduziert, dass ich mal wieder nicht umhin komme, hier eine fehlende Auseinandersetzung mit dem Thema und erst recht mit den Betroffenen zu beklagen. Ich komme also zu dem Fazit, dass es nach dem Wortlaut des Römertextes nicht um gelebte Homosexualität in ihrem Umfang geht, sondern erst einmal nur um den geschlechtlichen Akt, ausgelebt durch heterosexuell empfindende Menschen. Man mag mir jetzt Wortklauberei vorwerfen, aber es wird doch gerade von der Kontra-Homo-Fraktion so ausdrücklich am geschriebenen Wort festgehalten. Das mag auch mir zugestanden werden.

Gottlos motiviert

Dabei ist es doch nicht ernsthaft möglich, dass alles, was zwischen platonischer Freundschaft und dem Sexualakt liegt, jedenfalls diskutabel wäre, weil es im Wortlaut des Römertextes (und auch den anderen Fundstellen, die zum Thema Homosexualität aus der Bibel üblicherweise herangezogen werden) nicht enthalten ist. Das klingt für jeden Menschenverstand widersinnig. Dies führt aber wiederum dazu, dass man sich mit der Gesamtaussage des Textes auseinandersetzen muss. Bleiben wir bei dem Buchstaben, ist nur der homosexuelle Geschlechtsakt der Gipfel der Gottlosigkeit – pars pro toto. An unzähligen Stellen in der Bibel setzt Gott aber seinen Schwerpunkt auf die Herzenshaltung der Menschen – ihm gegenüber und unseren Mitmenschen gegenüber. In diesem Punkt hat Jesus die Gesetze im dreifachen Liebesgebot (gegenüber Gott, seinem Nächsten und sich selbst) zusammengefasst. Diese Zusammenfassung Jesu als Erleichterung zu empfinden, halte ich dabei für einen teuflischen Trugschluss. Im Hinblick auf dieses Gebot fallen wir täglich, ja stündlich auf einer der drei Seiten vom Pferd. Diese Feststellung muss doch in die Demut führen – und in die Barmherzigkeit mit unseren Mitmenschen. Oft erlebe ich, dass Menschen, die ihren Mitchristen gegenüber unbarmherzig sind, auch sich selbst gegenüber unbarmherzig sind oder jedenfalls Gott vorwerfen, dass er sie nicht so versorgt und bedenkt, wie sie es sich wünschen. Und wenn Gott mich nicht mit Fröhlichkeit und Glück versorgt, warum sollte ich es einem anderen zugestehen, in dessen Leben ich selten so einfach vorwerfbare Dinge finde wie im Leben eines homosexuell empfindenden Menschen. Einfach, weil er homosexuell ist. Aber welche Motivation steckt eigentlich hinter dieser Haltung? Eine Frage am Rande.

Ist die Motivation für die Beurteilung des Tuns entscheidend oder ist das Tun der Beweis für die Motivation? In der Überzeugung, dass der Mensch auch in seinen grundlegenden Denkstrukturen als Ebenbild Gottes geschaffen ist, wage ich einen Blick ins deutsche Strafrecht. Für die Beurteilung einer Tat als normierte, also gesetzlich festgelegte Straftat müssen der objektive und der subjektive Tatbestand, der äußere und der innere Tatbestand der einschlägigen Gesetzesnorm erfüllt sein. Dies wird am Beispiel des Mordes, § 211 StGB, besonders deutlich: Zur Erfüllung des Straftatbestands müssen neben der Tötung eines Menschen vor allem innere sogenannte Mordmerkmale erfüllt sein – sind sie nicht erfüllt, ist es Totschlag, § 212 StGB, mit einer für den Täter durchaus milderen Straffolge. Das Mordmerkmal Heimtücke definiert sich darin, dass der Täter im Wissen um die Arglosigkeit des Opfers diese ausnutzt, um es zu töten. Nun ist meist der Täter selbst nicht derjenige, dem die Staatsanwaltschaft die Beschreibung seiner inneren Haltung während der Tat gerne glaubt (wie gut, dass unser Richter unser Herz kennt! – 1. Könige 8,39). Gerade die Heimtücke ist aber schwer zu beweisen. Wie will ich beweisen, dass der Täter sich der Arglosigkeit des Opfers bewusst war und gerade diese ausnutzte? Das Opfer könnte ja auch ahnungslos sein, der Täter aber im Affekt handeln. Dann wäre es „nur“ Totschlag und kein Mord. Die inneren Tatbestandsmerkmale müssen sich also in äußerlich erkennbaren Umständen widerspiegeln, anderenfalls kann der erforderliche Nachweis nicht gelingen. Dabei ist der äußerlich erkennbare Umstand nie der Taterfolg, also der Tod des Opfers, an sich. Wäre dem so, könnte heimtückischer Mord nie von Totschlag unterschieden werden. Die innere Haltung des Täters muss sich vielmehr aus den Umständen der Tat, dem Vorgehen des Täters oder seinen möglicherweise bekannten Motiven ergeben.

Der innere Tatbestand der Gottlosigkeit hinter homosexuellem (wirklich sexuellem) Verhalten müsste sich also aus den übrigen Umständen neben dem homosexuellen Verhalten, das ja im Bild gesprochen der „Taterfolg" wäre, ergeben. Diesen inneren Tatbestand beschreibt Paulus auch ausführlich mit der umfassenden Boshaftigkeit und dem Götzendienst, den er in diesem Zusammenhang darstellt. Allein aus dem objektiv betrachteten gleichgeschlechtlichen Akt erschließt sich diese innere Haltung nicht, jedenfalls halte ich diese Vorstellung für verkürzt. Das würde mich unweigerlich zu dem Schluss führen, dass Menschen im Umgang mit schwersten Straftaten barmherziger wären und mehr Willen zur wahren Tatbeurteilung hätten als Gott. Mord verjährt nie – jede andere Straftat, auch Totschlag, schon. Mord ist die schlimmste Straftat unseres Rechtssystems, die am härtesten bestrafte, die zu einem Leben hinter Gittern führen kann. Ein kluger Anwalt, der nicht in der Mordverteidigung speziell versiert ist, lässt die Finger von dieser derart komplexen und für das Leben eines Menschen einschneidenden Materie. Der kleinste Fehler, das Übersehen eines winzigen Details, kann einen Totschläger zum Mörder machen. Die mit diesen Fällen befassten Juristen und auch Sachverständigen gehen, soweit es ihnen menschlich möglich ist, der Tat und dem Täter auf den tiefsten Grund. Das erwarten wir auch als selbstverständlich von unserer menschlichen Justiz.

Das Motiv, die innere Haltung ist ausschlaggebend. Kann es da bei Gott wirklich anders sein? Er, der das Herz ansieht, interessiert sich nicht mehr für das Herz, wenn die Tat „nicht stimmt"? Sollten wir Menschen wirklich barmherziger sein als Gott? Man kann der Strafrechtspflege nicht vorwerfen, zu weich zu sein. Gerade mit der Bewertung der Mordmerkmale wird immer wieder gerungen und Gerechtigkeit gesucht. Der Kampf um Gerechtigkeit wird gerade am berühmten „Haustyrannen-Fall" deutlich (BGH, Urteil des 1. Strafsenats v. 25. 3. 2003, Az.: 1 StR 483/02, NStZ 2003, 482): Die seit Jahren von ihrem Ehemann gequälte, unterdrückte, gedemütigte und körperlich weit unterlegene Ehefrau bringt diesen schlussendlich um, indem sie ihn im Schlaf erschießt. Der Ehemann war sich bei Zubettgehen der bevorstehenden Tötung nicht bewusst, er ging arglos schlafen, und die Ehefrau nutzte genau diese Arglosigkeit, um ihn zu töten. Nach der Rechtsprechung bis dahin war dies ein klarer Fall von heimtückischem Mord mit all seinen Rechtsfolgen. Eine Affekttat ihrerseits (die Bratpfanne auf seinen Schädel als Spontanaktion beispielsweise) hätte lediglich einen Totschlag dargestellt. Der Alternativfall, dass sie sich akut einem seiner Angriffe zur Wehr gesetzt und ihn dabei getötet hätte, wäre möglicherweise als Notwehr gewertet worden, sodass sie sogar straffrei geblieben wäre. In allen drei Fällen ist der Ehemann am Ende tot, der Taterfolg ist immer eingetreten. Nun macht aber der Umstand, dass sie rein körperlich keine andere Möglichkeit hatte, als ihn in seiner Arglosigkeit zu „überrumpeln", sie zur Mörderin. An dieser Tatsache vermag auch die Strafrechtspflege nichts zu ändern – aber sie erkennt es selbst als ungerecht. Sie entwickelt daher eine sogenannte „Rechtsfolgenlösung" und ändert nicht den Strafvorwurf, wohl aber die Strafe ab. Regelmäßig wird heute in diesen Fällen eine weit mildere als die für Mord vorgesehene Straffolge ausgesprochen. Es muss tatsächlich nach höchstrichterlicher Rechtsprechung das Vorliegen eines „entschuldigenden Notstands“ geprüft werden, der auch zur Straffreiheit führen kann. Dabei dehnt die Rechtsprechung die eigentlich erforderliche Gegenwärtigkeit des Notstands erheblich, um der jahrelangen Quälerei des Tyrannen und der ständig lauernden Gefahr, in der sich die Ehefrau befindet, gerecht zu werden. Denn die Tötung durch die Ehefrau erfolgt im Zweifel nicht in einer akuten Gefahrensituation. Wenn er schläft, ist auch der Tyrann allgemein ungefährlich. Da ist die Rechtsprechung grundsätzlich restriktiv, zieht also enge Grenzen für die Gegenwärtigkeit der Situation – anders aber in den Haustyrannenfällen, weil sie nicht mit den „üblichen“ Notstandsfällen vergleichbar sind. Diese Rechtsprechung ist das Ergebnis menschlichen Ringens mit Gerechtigkeit, eine Folge aus der Erkenntnis, dass Ungleiches nicht gleich behandelt und verurteilt werden kann.

Es ist aber immer noch Mord oder, wenn das Motiv nicht bewiesen werden kann, Totschlag, mag man einwenden. Auch das Vorliegen eines entschuldigenden Notstands hebt nicht die Erfüllung des Mordtatbestands auf – allerdings entfällt die Schuld und damit die Strafe. Da kann sich im Vergleich für homosexuelles Verhalten maximal etwas im Strafmaß ändern, denn dass es nicht zutiefst gegen Gottes Ordnung steht, ist hiermit noch lange nicht gesagt. Seiner Ordnung entspricht auch nicht die Tötung des Ehemanns. Dennoch haben wir Menschen für so ein Vorgehen in der Not Verständnis, seine Erforderlichkeit können wir nachvollziehen, und dass wir so empfinden, können wir oft selbst nicht erklären. In diesen Bereich gehören auch die theologischen Diskussionen über das Hitler-Attentat, Lügen beim Verstecken von Juden und vieles Weitere, wo wir menschlich und theologisch vor großen Fragezeichen stehen. Es beschleicht uns das Gefühl, dass ein ausbleibender Versuch,

Hitler zu beseitigen und das Verraten von versteckten Juden nicht in Gottes Sinne sein kann – und dennoch spricht beides – Töten und Belügen – gegen Gottes Vorstellung von menschlichem Miteinander. Der Pfarrer Dietrich Bonhoeffer wog als Beteiligter am (missglückten) Attentat auf Hitler die Schwere von Schuld ab. Dabei kam er zu dem Ergebnis, dass nichts gegen Hitler zu unternehmen die größere Schuld gewesen wäre. Ein Mordanschlag. Den finden viele Christen heute im Rückblick richtig. Danach wurde Bonhoeffer aufgrund der geltenden Gesetze wegen Landes- und Hochverrats im Konzentrationslager Flossenbürg erhängt. Das finden wir wiederum falsch. Offenbar gibt es nicht nur schwarz und weiß.

Erst einmal wäre es ein Anfang, wenn es für uns eine Rolle spielen würde, aus welcher Motivation Menschen Dinge tun oder auch unterlassen. Vielleicht sollten auch wir öfter die Schuldabwägungs- und Notstandsfrage stellen. Wenn Gott das Herz ansieht, dann ist er der erste Interessent an meinen inneren Vorgängen. Demzufolge wäre es mehr als nur wünschenswert, wenn uns untereinander das Innere eines anderen interessieren würde, wenn wir die Zeit und den Willen hätten, den anderen zu verstehen. Verständnis hat auch noch lange nichts mit „für gut befinden" zu tun. Verständnis ist das, was Gott mir als Erstes dadurch entgegenbringt, dass er selbst Mensch geworden ist. Wie viel mehr kann sich Gott in die Situation von uns Menschen hineinversetzen, Interesse an seinem Geschöpf Mensch zeigen, als selbst einer zu werden und sich, Gott selbst, uns zu zeigen. Diese Selbsterniedrigung Gottes ist das, was uns von allen Religionen unterscheidet. Gott selbst setzt sich unserer Schuld, unserer Scham aus – wir halten bereits das Innenleben unserer Mitmenschen selten aus oder sind mit der subjektiven Beurteilung dessen, was uns zu Ohren kommt, mehr beschäftigt als mit dem, der da spricht. Meiner Auffassung nach findet sich in diesem alltäglichen Umstand in unseren Gemeinden eine große Beziehungslosigkeit – niemand gibt sein Innerstes preis aus Angst, verurteilt und beschämt zu werden. In diesem Zustand belassen wir nicht nur die homosexuell empfindenden Menschen in unseren Gemeinden. Wir brauchen Zeit, Empathie, Liebe und vor allem den Willen, um die Motivation eines Menschen zu verstehen. Begegnen wir unseren Mitgeschwistern eher mit der Unschulds- oder der Schuldvermutung? *In dubio pro reo.* Wir sind zur Barmherzigkeit berufen, entscheiden im Zweifel aber gegen den Angeklagten? Es ist sicherer, einfacher. Wir müssten uns investieren. Der BGH, die Staatsanwaltschaft und die Rechtsanwälte werden dafür bezahlt, sich in diese schwere Materie einzuarbeiten. Wir werden hoffentlich irgendwann selbst erfahren, wie lebenswichtig ein verständiges Gegenüber für unser Verhältnis zu Gott und zu uns selbst ist. Darüber hinaus gibt es einen himmlischen Lohn, der sich gerade auch für diese Investitionen auszahlen wird.

> „Geschwister, ihr seid von Gott erwählt, ihr gehört zu seinem heiligen Volk, ihr seid von Gott geliebt. Darum kleidet euch nun in tiefes Mitgefühl (Luther: herzliches Erbarmen), in Freundlichkeit, Bescheidenheit, Rücksichtnahme und Geduld." (Kolosser 3,12)

Wenn unser Gott ein Gott ist, der das Herz, das Innere, ja den Antrieb eines jeden Menschen ansieht, dann bewegt er mich in meiner Beziehung zu ihm dazu, ebenfalls den schonungslosen Blick auf mich selbst zu wagen. Gottes Blick ist aber nicht schonungslos im lieblosen Sinne – so wie ich oft selbst mit mir umgehe oder andere mit uns umgehen –, sondern er schont sich selbst nicht, nicht vor dem, was in uns vorgeht, was ihn, den heiligen Gott verletzen könnte. Wäre Gott auf das zurückgeworfen, was vor Augen ist, vermeintlich Gutes wie Böses, wäre er nie in der Lage, ein gerechter Richter zu sein. Dass sein Urteilsspruch aber gerecht sein wird, ist uns klar vorhergesagt. Gerechtigkeit empfinden wir jedoch gerade dann, wenn alle relevanten Details mit einbezogen sind – und wenn wir selbst den Blick ehrlich auf unser Innerstes wagen und es Gott hinlegen. Halten wir Details vor uns selbst zurück, weil wir es nicht ertragen, ehrlich mit uns selbst zu sein, werden wir Gottes Urteil auch nicht als gerecht empfinden. Dass Jesus in seinem Gericht die jeweils Betroffenen überrascht mit dem, was sie für ihn bzw. einen seiner geringsten Brüder getan oder eben auch nicht getan haben (vgl. Matthäus 25,31–46), führt mich immer wieder zu der Erkenntnis, dass er meine Motivationslage durch und durch kennt, und dass es für ihn nicht auf das äußerlich Wahrnehmbare, sondern auf meine Haltung ankommt. Das kann dann auch eine durchaus böse Überraschung werden.

Für mich ist es oft nicht ansatzweise einfach, meine inneren Vorgänge, meine Motivation für ein bestimmtes Tun oder Denken zu durchdringen. Je mehr ich Jesus kennenlerne und erlebe, wie liebevoll er mich anblickt, auch liebevoll in mein Herz schaut, desto klarer werden die Dinge, die mir selbst oft verborgen geblieben sind, weil ich mit dem eiskalten Blick, den ich selbst da hineingeworfen habe, die Wahrheit nicht ausgehalten habe. Dass Jesus mit Liebe an mich herantritt, hat nichts Romantisches oder Verweichlichtes. Es gibt Sicherheit. Der Blick zusammen mit Jesus in mein Herz offenbart nicht selten das Gleiche, wie wenn ich ohne ihn hineinschaue. Aber das Licht ist ein anderes. Mein Licht gleicht einem Spot, der immer um die wunden Punkte kreist und sie in bläulich kaltes Licht taucht. Jesu Licht ist umfassend, erhellt den ganzen Raum, leuchtet nicht punktuell aus, sondern sieht und erfasst das Ganze. Wie etwas auf mich wirkt, was es mit mir macht, hat viel mit dem Licht zu tun, in dem es steht. Jesu Licht verschweigt nichts, deckt alles auf, sein Geist überführt uns (Johannes 16,8) und vertuscht nichts – und gleichzeitig deckt seine Liebe Sünden zu (Sprüche 10,12; 1. Petrus 4,8). Ist das verständlich? Wie soll ich meine Motive ehrlich und klar durchleuchten, wo sie oft so verflochten und verworren sind? Warum machen es sich viele Menschen so einfach, die Motivation anderer zu verurteilen, ohne die eigene zu hinterfragen, zu kennen?

Fragt man meine Mutter nach meiner Kindheit, kommt über kurz oder lang die gleiche Geschichte – eine unter vielen ähnlichen: Die Familie geht spazieren, von dem vorherigen Regen hatten sich Pfützen gebildet. An alle vier Kinder geht die mütterliche Ansage, dass die Pfützen zu meiden seien. Drei halten sich an diese Ansage – Elisabeth steht nach strammem Anlauf und gutem Sprung grinsend in der nächsten Pfütze. Noch heute weiß meine Mutter, glaube ich, nicht, wie sie das beurteilen soll. Zum einen hatte ich bewusst das elterliche Gebot übertreten, mit Anlauf. Zum anderen lebte ich in einer kindlichen Freude und Neugier, die es mir häufig schier unmöglich machten, mich ansagekonform zu verhalten – wurde es doch da erst spannend –, was meiner Mutter nicht selten auch ein Lachen entlockte. Das war natürlich pädagogisch nicht zielführend. Für mich war deutlich sichtbar, dass ich meine Mutter auch mit offensichtlichem Ungehorsam zum Lachen bringen konnte. Dieses Modell führen wir bis heute in unserer Familie fort. Ein bisschen frech sein, die Grenze leicht übertreten, den anderen zu einer Reaktion provozieren – liebevoll und mit einigem Humor haben wir in der gesamten Familie damit schon sehr fröhliche und verbindende Momente erlebt. Dieses „ungehorsame“ Verhalten hat also auch eine fruchtbare Wirkung. Wie kann das sein?

Wenn ich mich in meine kindliche Motivationslage zurückversetze, dann muss ich selbst grinsen. Die Vorgaben meiner Mutter haben in mir ein „und wenn doch?" hervorgerufen, eine hochkreative Neugier, die jedenfalls sehr häufig in der direkten Beziehung zu meiner Mutter stand. Wenn meine Mutter lacht, und sie kann heulen vor Lachen, macht mich das bis heute glücklich. Und wie man meine Mutter zum Lachen bringt, haben meine Geschwister und ich von unserem Vater akribisch von klein auf abgeschaut. Interessanterweise war es nie Folgsamkeit, die dieses Lachen hervorgebracht hätte, sondern immer der Überraschungseffekt, die kleine unvorhergesehene Frechheit, der der Schalk im Nacken sitzt, sodass meine Mutter nicht anders konnte, als zu lachen, auch wenn die Situation eigentlich gebotswidrig verlief. Mein Motiv war also nicht der Ungehorsam an sich, sondern war Beziehungssprache mit meiner Mutter. Außerdem wollte ich ja auch verstehen, was konkret das Problem mit den Pfützen wäre. Nicht Teil dieser Geschichte ist, dass ich nachher über die Pfütze und die Nässe enttäuscht gewesen bin – den Reinigungsaspekt, der mich als Kind nicht so betroffen hat, habe ich in der Bewertung wohl außen vor gelassen. Aber ging es darum, meiner Mutter konkret ungehorsam zu sein? Wollte ich sie verärgern, absichtlich überhören, weil sie mir egal gewesen wäre oder ich sie gar abgelehnt hätte? Wollte ich sie bloßstellen und ihr Böses tun? Ganz sicher: Nein. Meine Motive waren die Beziehung zu ihr selbst und meine Experimentierfreudigkeit, die sich in diversen Alltagssituationen meiner Kindheit zeigte und die bis heute andauert.

Nun ist das Springen in Pfützen im Vergleich zu homosexuellem Leben motivtechnisch gesehen sicherlich simpler darzustellen. Das liegt nicht nur daran, dass der Sprung in die Pfütze irgendwie spontan und objektiv überschaubares Tun ist, sondern wohl auch daran, dass es eine weitgehend unbelastete Motivlage ist. Das sähe sicherlich anders aus, wenn man mir von Kindheit an immer wieder in allen passenden und unpassenden Situationen gesagt hätte, dass es für meine Mutter auf dieser Welt nichts Schlimmeres gäbe, als wenn ich in eine Pfütze spränge; dass meine Mutter bei einem solchen Verhalten tief verletzt wäre und die Beziehung zu mir letztendlich abbrechen müsste, weil sie diesen Ungehorsam in ihrer Gegenwart nicht aushalten könnte. Da wäre meine Motivation, dennoch in die Pfütze zu springen, sicherlich nicht so klar zu bestimmen. Meine Beziehung zu meiner Mutter wäre im Angesicht jeder Pfütze massiv angespannt gewesen und in der Gefahr, zutiefst gestört zu werden. Und nicht nur die Beziehung zu ihr. Alle Menschen um uns herum, ob sie die Abneigung meiner Mutter gegen Pfützen verstanden hätten oder nicht, hätten mir Auflehnung gegen meine Mutter vorgeworfen und nur Unverständnis entgegengebracht, wenn ich mit leuchtenden Augen von meiner Begeisterung über Pfützen erzählt hätte. Der Preis für den Sprung in die Pfütze wäre so hoch gewesen, dass ich die Freude an der Pfütze und an meinem Experimentierdrang schnell verloren hätte, ja, vielleicht hätte ich Pfützen auch gehasst – nicht ihrer selbst wegen, sondern weil sie indirekt meine Mutter verletzt hätten. Vielleicht hätte ich auch angefangen, mich selbst abzulehnen, weil ich etwas liebte, das meine Mutter, die ich noch mehr liebe, verabscheut und sie verletzt. Die Pfütze an sich hätte womöglich ihren Reiz nicht verloren, aber der innere Kampf um die Folgen wäre so einschneidend und tobend gewesen, dass Freude sicherlich nicht mehr aufgekommen wäre.

Meine geistliche Prägung war durch und durch kontra-homosexuell. Es war mir völlig klar, dass Homosexualität (undifferenziert ob im Sein oder Tun) die schlimmste Sünde unter Gottes Augen ist. Dazu hat mir als Kind niemand extra eine

Predigt halten müssen – es war kein Thema, was auch schon seine eigene Wirkung hat, und wenn doch, dann mit eindeutig negativer und verwerfender Konnotation. In meinem gemeindlichen Umfeld habe ich zur Homosexualität nur die bekannten Bibelstellen gehört, die mit dem immer gleichen Tenor ausgelegt wurden: homosexuell und Christ passt nicht zusammen. Wenn man sich dann bereits in jungen Jahren als Christ versteht, mit Jesus leben will, dann zerreißt einen die Erkenntnis, homosexuell zu empfinden, einmal mitten durch. Hinter der Empfindung an sich steckt überhaupt kein Motiv und dennoch führte mich die tief geprägte Ablehnung gegenüber Homosexualität in eine Ablehnung mir selbst gegenüber. Es gibt viele Dinge, in denen ich gut bin, wo Gott mich begabt und beschenkt hat, Tausende Sachen und Umstände, für die ich nur dankbar sein kann – das alles war nichts wert gegenüber dem Umstand, homosexuell zu sein. Dadurch wurde alles in die Tiefe gerissen und abgewertet. Ist das Gottes Stimme? Ist diese Entwertung der Ausdruck seines Wesens? Für mich war das lange Jahre der Fall, so hatte ich es passiv gelernt. Meine Lieblingsform, um Gott anzubeten, ist Musik. Das war schon immer so. Musik ist darüber hinaus bei mir allgegenwärtig. Es gibt kaum einen Moment, in dem in meinem Kopf nicht nebenbei ein Choral oder ein moderneres christliches Lied läuft. Während ich das hier schreibe, läuft in meinem Kopf *Weißt du?* von Ararat. Bei Examensklausuren, Gerichtsverhandlungen, Gesprächen mit anderen, abends beim Einschlafen und morgens beim Aufwachen – immer ist ein Lied in meinem Kopf. Vielleicht ist das ein Grund, warum in meiner Wohnung fast nie Musik läuft. Und dann, mittendrin, stehe ich auf, schnappe mir die Gitarre und singe das laut, was bis dahin nur in meinem Kopf klang (okay, manchmal fange ich auch im Büro am Schreibtisch mitten in meinem Kopflied laut an mitzusingen). Was für andere anstrengend klingen mag, ist für mich Lebensgespräch mit Gott. Aber wenn ich früher in den Phasen war, wo mir die vermeintliche Sündhaftigkeit meines homosexuellen Daseins vor Augen geführt wurde, starben die Lieder in mir. Nicht weil ich meinte, Gott gebühre das Lob nicht mehr, sondern weil ich glaubte, er würde es von mir nicht ertragen. Ich konnte in meiner Verdorbenheit doch nicht für den heiligen Gott singen.

Neben dieser Abwertung habe ich Gott gesucht, die Beziehung zu ihm ersehnt – und immer wieder stand da: Es geht nicht, du bist homosexuell. Heilungsversuche misslangen. Irgendwann führte mich das in zwei Parallelwelten. Ich konnte die Frage nach Homosexualität in meinem Leben und meiner gleichzeitigen Sehnsucht nach Gott nicht beantworten. Menschen, die ich um Hilfe bat, waren schlicht überfordert, denn auch sie konnten außerhalb von Klischees und Standards keine Antworten geben. Ich stellte zu viele Fragen. So ließ ich in der einen Welt die Homosexualität außen vor und führte ein öffentliches Leben, in dem ich erstaunlicherweise auch viel geistliches Wachstum erfuhr. In der anderen Welt lebte ich im Untergrund und ging (wenige) homosexuelle Beziehungen ein. Beide Welten waren krankhaft voneinander getrennt – und dennoch, da ich in beiden lebte, beeinflussten sie einander. Mit den Jahren wurde die Trennung nicht größer, sondern geringer. Der Druck, den das Leben in zwei Welten mit sich brachte, wurde unerträglich. Nun ist es auch keinesfalls so, dass ich im „Untergrund" nicht Christ gewesen wäre. Meine erste Freundin kannte Jesus nicht und das war für mich kaum auszuhalten. Nach vier Monaten Beziehung wurde sie tatsächlich Christ, was damals nicht in mein Parallelwelt-Denken passte und in mir den Satz „Gott kann aus Scheiße Gold machen" prägte. An dieser Formulierung lässt sich im Übrigen unschwer erkennen, wie ich die Beziehungsform bewertete ...

Trotz Verdrängungsversuchen hinterfragte ich meine Motivation, homosexuelle Beziehungen zu führen, ständig und andauernd. Nicht weil ich die wahre Motivation zu verschleiern versuchte, sondern weil ich nach dieser tiefen Ablehnung gegenüber Gott suchte, die Paulus beschreibt. Ich glaube, dass die Bibel das inspirierte Wort Gottes ist. Das mag mir manchmal nicht passen, aber ich habe mich dafür entschieden, sie nicht zum Bibelbastelbogen nach meinen Befindlichkeiten zu machen – und das ist eine tägliche Herausforderung. Nun erwartete ich aber geradezu, dass das Böse von mir Besitz ergreift, dass sich mein Herz und meine Gedanken verdunkeln. Stattdessen führte mich Jesus aber in eine Gemeinde, in der ich zehn Jahre lang geistlich zugerüstet wurde – eine Gemeinde, in der Homosexualität jedoch ebenfalls als Sünde verstanden wurde. Das Leben in zwei Welten blieb also und dennoch wuchs eine Beziehung zu Jesus, die mich noch heute angesichts der Umstände zum einen erstaunt, zum anderen nur dankbar und demütig macht. Wie macht Jesus das? Wie kann er, während ich mich doch im größten Sündenpfuhl befinde, mit mir reden, mich wachsen lassen, mein Herz verändern, Vergebung und Versöhnung mit Menschen schenken? Danach habe ich mich aktiv ausgestreckt und je mehr Jesus in mir wuchs, desto schwieriger wurde das Leben in den zwei Parallelwelten. Immer wieder führte es dazu, dass ich Menschen sehr verletzt habe, weil ich nur den Weg kannte, alles und sofort und restlos abzuschneiden – ohne Rücksicht auf Verluste, bei mir oder anderen. Meine erste große Liebe beendete ich nachts um drei Uhr per SMS, weil mich ein Magen-Darm-Infekt erwischt hatte, den ich für die Strafe Gottes hielt. Diese Verletzung konnte ich nie wiedergutmachen und tatsächlich hielt die Viruserkrankung trotz meines „Gehorsams" noch drei Tage an. Nachfolge Jesu ist radikal, und so traf ich immer wieder radikale Entscheidungen in dem Denken, seinem Willen zu entsprechen und damit er mich endlich frei machen könnte. Das tat er nicht und er hat es bis heute nicht getan. Warum nicht? Ich weiß es, ehrlich gesagt, nicht. Manche argumentieren, dass er mich halt so liebt, wie ich bin, dass er mich so haben wollte. Es fällt mir schwer, das zu glauben. Dass er mich aber so hasst, wie ich bin, und dass bei mir leider etwas schiefgelaufen ist, das will ich auch nicht mehr glauben. An dieser Stelle merke ich wieder, wie schlecht bis unmöglich sich homosexuelles Sein und Tun auseinanderhalten lassen. Mit Jesus lande ich immer auf der Seinsebene, er will mein Herz, meine Motive für sich.

Was war also mein Motiv, in einer lesbischen Beziehung zu leben? Wollte ich Gott entehren, ihn verletzen, ihn ignorieren, ihm die Macht über meinem Leben absprechen? Hatte ich Freude daran, gegen den mir anerzogenen Willen Gottes zu verstoßen? War mir der Reiz wichtiger als die Beziehung zu ihm? Wenn ich Nein sage, wird mir das wohl kaum einer glauben, denn das wäre unbiblisch – und genau da liegt mein Problem. Meine Motive, meine Absichten, passten nicht unter die Aufzählung in Römer 1. Die wenigen Male, in denen ich mich wirklich tief verliebte, entstand der Wunsch nach Beziehung zu dieser Person, nach Nähe, Zusammensein, Zusammenleben, sich gegenüber sein. Da ist erst mal gar kein geistliches Motiv – nur der in mir göttlich angelegte Wunsch nach Partnerschaft. Nun gehen bei homosexuell empfindenden Menschen möglicherweise schöpfungskonformes Motiv und Motivrichtung als Folge des Sündenfalls auseinander?

Paulus' Formulierung, dass „die Menschen den natürlichen Verkehr verlassen und ihn in den unnatürlichen umwandeln" (so die Elberfelder Übersetzung), hinterlässt bei mir ein Fragezeichen.

„Deswegen hat Gott sie dahingegeben in schändliche Leidenschaften. Denn ihre Frauen haben den natürlichen Verkehr in den unnatürlichen verwandelt, und ebenso haben auch die Männer den natürlichen Verkehr mit der Frau verlassen, sind in ihrer Begierde zueinander entbrannt, indem die Männer mit Männern Schande trieben, und empfingen den gebührenden Lohn ihrer Verirrung an sich selbst." (Römer 1,26–27)

Es scheint in diesem Text um heterosexuell lebende Menschen zu gehen, die in Ablehnung gegenüber Gott ihre eigene Sexualität pervertieren und öffentlich homosexuellen Verkehr praktizieren, um sich über Gott zu erheben. Dieses Motiv klingt nach einem: „Du kannst uns mal, Gott!" So etwas war und ist nicht in mir. Warum ist das nicht in mir? Warum habe ich nicht diese Absichten, die Paulus beschreibt? Warum sehne ich mich danach, Jesus immer besser kennenzulernen, seine Stimme deutlicher zu hören, Menschen von ihm weiterzusagen und ihnen Hoffnung zu geben? Was stimmt denn nicht mit mir?

Glashausmentalität

Irgendetwas scheint mir am ersten Kapitel des Römerbriefes verborgen zu bleiben. Wenn ich dann weiterlese, gehen mir so manche Lichter auf, die zwar meine Grundfrage nicht klären, jedoch helfen, die Heftigkeit, mit der Paulus hier spricht, einzuordnen:

> „Deshalb darfst du allerdings nicht meinen, du seist entschuldigt, wenn du das alles verurteilst. Denn wer du auch bist: Indem du über einen anderen zu Gericht sitzt, sprichst du dir selbst das Urteil, weil du genau dasselbe tust wie der, zu dessen Richter du dich machst." (Römer 2,1)

Hier scheint der homosexuell lebende Mensch nicht der Adressat der „Hall of Gottlosigkeit" zu sein, die Paulus im ersten Kapitel aufzählt. Gleich im Anschluss an diesen Katalog nimmt er diejenigen in die Verantwortung, die ein Urteil über die Menschen sprechen, „die so etwas tun". Es erscheint absurd, dass Paulus dem Urteilenden den Spiegel vorhält und ihm sogar vorwirft, sich der gleichen Gottlosigkeit schuldig zu machen wie die, die er gerade unter Berufung auf Gottes Gesetz und Ordnung so zutreffend verurteilt zu haben meint. Paulus zählt in Kapitel 1 Motive und daraus erwachsende Verhaltensweisen auf, die wohl von Gott verurteilt würden.

> „Wir wissen aber, dass das Gericht Gottes der Wahrheit entsprechend über die ergeht, die so etwas tun." (Römer 2,2)

Obwohl Paulus zu dem Schluss kommt, dass das Gericht Gottes das in Kapitel 1 beschriebene Verhalten nicht übersieht, verbietet er es jedem Christen, sich eine Verurteilung anzumaßen bzw. es Gott gleich zu tun. Nicht nur das: Er stellt alle Menschen, Christen, Juden, Heiden, auf die gleiche Stufe. Auch sich selbst nimmt er nicht aus, als er alle Menschen als Lügner bezeichnet (Römer 2,4+7). Wenn Paulus formuliert, dass ein Urteil der „Wahrheit entsprechend" ergehen wird, maßt er sich selbst ein solches nicht an. Die Schlussfolgerung, die Paulus schließlich in Kapitel 3 zieht, verdeutlicht, worum es ihm hier insgesamt geht:

> „Es ist eine Gerechtigkeit, deren Grundlage der Glaube an Jesus Christus ist und die allen zugute kommt, die glauben. Dabei macht es keinen Unterschied, ob jemand Jude oder Nichtjude ist, denn alle haben gesündigt, und in ihrem Leben kommt Gottes Herrlichkeit nicht mehr zum Ausdruck,

> und dass sie für gerecht erklärt werden, beruht auf seiner Gnade. Es ist sein freies Geschenk aufgrund der Erlösung durch Jesus Christus." (Römer 3,22–24)

Meine Gerechtigkeit vor Gott geschieht allein (!) aus Gnade als freies Geschenk. Eine Schenkung ist immer unentgeltlich, ohne jede Gegenleistung. Sobald eine Gegenleistung auf eine Schenkung erbracht wird, ist sie nur noch eine sogenannte gemischte Schenkung. Sobald ich etwas zu meiner Erlösung dazutun will, verunreinige ich die Erlösungstat Jesu für mich. Unsere Gerechtigkeit vor Gott ist nicht das Ergebnis von „eine Hand wäscht die andere". Gott tut mir keinen Gefallen, weil ich ihm gefällig wäre, weil ich tue, was ihm gefällt. Das ist für mich Menschlein kaum verständlich, es ist kaum nachvollziehbar, dass ich nichts dazutun kann, damit Gott mich gerecht spricht. Kein Wesenszug, keine Handlung, keine Unterlassung kann seine Gnade gnädiger und seine Erlösung wirkungsvoller machen. Das schreibt sich so einfach. Es ist ja auch nicht so, dass ich es zum ersten Mal höre. Aber Hören und Hören sind zwei grundlegend verschiedene Dinge und die lebenslang erlernte Überzeugung, dass Jesu Erlösung sich in Homosexualität wieder auflöst, steht dem konträr gegenüber. Aus und unter der Gnade Gottes zu leben, gibt meinem Sein eine umfassende Berechtigung und ebenso dem Sein meines Nächsten. Der Umstand, dass ich als leistungsorientierter Mensch, umgeben von einer Leistungsgesellschaft bis tief in unsere christlichen Kreise hinein, nichts dazutun kann, dass Gott mir gnädiger wäre als meinem Mitmenschen, macht demütig. Alles, was mir an Gutem geschenkt ist – Ort und Zeit meiner Geburt (nicht in den Krieg, mitten in einem unfassbar reichen Land), meine gesunde Kindheit, eine hervorragende Ausbildung, segensreiche Beziehungen – hat mich zu dem

Menschen gemacht, der ich heute bin – aus Gnade. Eine andere Zeit an einem anderen Ort, Missbrauch, Gewalt, Erniedrigung, Leid von Kindesbeinen an – wer wäre ich dann heute? All das konnte ich nicht beeinflussen und ich kann auch nur sehr begrenzt beeinflussen, was mir zukünftig begegnen und mich prägen wird. Wie will ich also jemanden, der in so ganz anderen Umständen lebt als in meinen (und die Umstände sind immer anders), für das verurteilen, was er tut, geschweige denn, was er ist? Dass ein heterosexuell empfindender Mensch das Innenleben eines homosexuell empfindenden Menschen nicht nachvollziehen kann, ebenso umgekehrt, habe ich dargestellt. Kann dann überhaupt ein gerechtes Urteil aus einem Menschenmund kommen? Kann in Wahrheit geurteilt werden, wenn ich die Wahrheit nicht kenne, nicht kennen kann? Haben wir Angst, dass Gott vielleicht zu gnädig ist und meinen Bruder, meine Schwester – wenn ich sie noch als solche anerkenne – nicht hart genug verurteilt?

Die Unterschiedlichkeit der Herzen Abrahams und Jonas kommt mir immer häufiger vor Augen. Jona sieht nach seinem Bußaufruf in Ninive, dass Gott die Stadt aufgrund ihrer Umkehr verschont, und Jona wird zornig:

> „Und er betete zum HERRN und sagte: Ach, HERR! War das nicht meine Rede, als ich noch in meinem Land war? Deshalb floh ich schnell nach Tarsis! Denn ich wusste, dass du ein gnädiger und barmherziger Gott bist, langsam zum Zorn und groß an Güte, und einer, der sich das Unheil gereuen lässt. Und nun, HERR, nimm doch meine Seele von mir! Denn es ist besser, dass ich sterbe, als dass ich lebe!" (Jona 4,2–3)

Jona macht Gott hier sogar für seine Flucht vor ihm verantwortlich. Frei übersetzt wirft Jona Gott vor, dass es sich schlicht nicht lohne, sich für dessen Bußaufrufe auf so weite Wege zu machen, weil Gott zu gnädig sei, ja, Gott ist für Jonas Geschmack einfach zu weich, zu nachgiebig, nicht konsequent genug. Aus Jonas Worten spricht auf den ersten Blick nicht gerade ein liebendes Herz – weder gegenüber Gott noch gegenüber den Menschen. Die Quittung Gottes folgt umgehend, indem er Jona vor Augen führt, dass dieser allein von Gottes Barmherzigkeit abhängig ist und er aus der Gnade lebt, die er Gott als Schwäche vorwirft. Darüber hinaus macht Gott sehr deutlich, dass die Vernichtung von Menschen kein göttliches Hobby ist – eine wunderbare Tatsache, die, so scheint es mir manchmal, nicht nur Jona nur schwer zu ertragen scheint.

Ganz anders Abraham. Ihm wird die Vernichtung Sodoms und Gomorras durch Gott angekündigt (1. Mose 18,21 ff.). Abraham aber appelliert an die Gerechtigkeit Gottes und fleht Gott an, sein Vorhaben zu überdenken. Schließlich könnten auch Gerechte in diesen Städten sein und der Kollateralschaden, Gerechte ebenso hinzuraffen, sei doch nicht hinnehmbar. Gott lässt sich auf diese Verhandlungen ein, er lässt mit sich diskutieren. Letztlich „verliert“ Abraham die Verhandlung, weil nicht einmal zehn Gerechte in den Städten sind – die vier Gerechten, Lot, seine Frau und seine beiden Töchter, werden von Engeln vor der Vernichtung aus der Stadt geführt. Warum führt Abraham diese Diskussion mit Gott? Er selbst empfindet sein Fragen und Erbitten als dreist, zumal er es ja nicht bei seiner anfänglichen Bitte, Gott möge die Stadt bei 50 Gerechten verschonen, belässt, sondern auf das Entgegenkommen Gottes hin seine Forderung erhöht. Gott lässt sich auf diese Forderungen ein, bestraft Abraham auch nicht etwa im Nachhinein dafür, dass er mit seiner Hoffnung, mindestens zehn Gerechte zu finden, fehlging. Abraham scheint reine Motive gehabt zu haben, als er Gott darum bat, Sodom und Gomorra zu verschonen. Er konfrontiert Gott mit dessen Selbstverständnis und erinnert ihn an seine Gerechtigkeit. Hatte Gott das nötig? Vielleicht nicht. Aber Gott hatte Pläne mit Abraham. Das war der Grund, warum er überhaupt mit Abraham über sein Vorhaben sprach.

> „Der HERR aber sprach bei sich: Sollte ich vor Abraham verbergen, was ich tun will?Abraham soll doch zu einer großen und mächtigen Nation werden, und in ihm sollen gesegnet werden alle Nationen der Erde! Denn ich habe ihn erkannt, damit er seinen Söhnen und seinem Haus nach ihm befehle, dass sie den Weg des HERRN bewahren, Gerechtigkeit und Recht zu üben, damit der HERR auf Abraham kommen lasse, was er über ihn geredet hat." (1. Mose 18,17–18)

Gott stellt sich hier seiner eigenen Verheißung, die er über Abraham ausgesprochen hatte. Er bestimmt Abraham selbst dazu, Gerechtigkeit zu üben, und so sind der Mut und Wille Abrahams, mit Gott zu verhandeln, aus einem gerechten Herzen erwachsen. Abraham hat keine Freude an der Verurteilung der Städte durch Gott, er labt sich nicht an Gottes Zorn über die Ungerechtigkeit anderer Menschen, nein, er riskiert sogar, dass Gott ihm zürnen könnte und man könnte ihn mit seiner Frage an Gott: „Sollte der Richter der ganzen Erde nicht Recht üben?" (1. Mose 18,25), geradezu als Blasphemiker und ehrfurchtslosen Mann titulieren. Abraham aber kennt seine Position, wenn er – in der Absicht weiterzuverhandeln – spricht: „Siehe doch, ich habe mich erdreistet, zu dem Herrn zu reden, obwohl ich Staub und Asche bin. Vielleicht fehlen an den fünfzig Gerechten nur fünf. Willst du wegen der fünf die ganze Stadt vernichten?" und

„Der Herr möge doch nicht zürnen, dass ich noch einmal rede! Vielleicht werden dort dreißig gefunden." und „Siehe doch, ich habe mich erdreistet, zu dem Herrn zu reden; vielleicht werden dort zwanzig gefunden." und „Der Herr möge doch nicht zürnen, ich will nur noch dieses Mal reden. Vielleicht werden dort zehn gefunden." Es wurden keine zehn gefunden. Und wenn doch? Abrahams Flehen hätte zur Verschonung beider Städte geführt und zur Vergebung aller Sünden – auch die der Ungerechten (1. Mose 18,26). Ist das gerecht? Zehn Gerechte hätten tausende Ungerechte vor der gerechten Strafe bewahrt? „Jedem das Seine" steht im Eingangstor zum Konzentrationslager Buchenwald. Das ist menschliche Gerechtigkeit, vor der keiner von uns gefeit ist. Wir basteln einen Maßstab – auch gerne auf der Grundlage mehr oder weniger guter Bibelrecherche – und an diesem messen wir vermessen unsere Mitmenschen.

Das Herz Jonas, seine Motivation zu verstehen, ist gar nicht so einfach. Man könnte bei dem in unseren Gemeinden eher verbreiteten Gedanken stehen bleiben, dass Jona die Barmherzigkeit Gottes anderen Völkern als den Israeliten nicht gönnte und aus seiner Sicht Israels göttliche Monopolstellung durch die Gnade, die Gott Ninive erfahren ließ, gefährdet würde – so beschreiben es Rienecker und Maier in ihrem *Lexikon zur Bibel (S. 833 f.)*. Ohne mich ins theologische Tiefwasser bewegen zu wollen, muss aber wenigstens dargestellt werden, dass es dazu auch andere Verständnismöglichkeiten gibt. Jona sah in Assur, dem Land, das im Norden an Israel grenzte, und dessen gewaltigem und gewalttätigem Wachstum eine reale Gefahr für sein Volk. Eine Vernichtung der Hauptstadt Ninive hätte in Israel vermutlich Leben gerettet – denn später wurden sie von Assur brutal überrannt. Nach diesem Verständnis bangt Jona um seine Existenz, das Leben seiner Familie und Landsleute. Die Verschonung Ninives ist gleichzeitig das Todesurteil seines Volkes. Sein Motiv wäre hier also nicht in erster Linie gegen Ninive auf der Grundlage einer selbst beanspruchten Monopolgnade gewesen, sondern für Israel, für das Leben und das Überleben seines Volkes. Man könnte von einer gesunden Selbstliebe sprechen. Sein Zorn über Gottes Barmherzigkeit gegenüber Ninive wäre dann viel eher als Verzweiflung über das, was das verschonte und dadurch gestärkte Assur an Leid über Israel bringen wird, zu verstehen. So fasst es jedenfalls Hartmut Gese in *Alttestamentliche Studien* auf (S. 122 ff.). Kann diese Verzweiflung Jona vorgeworfen werden? Die Menschen der Kontra-Homo-Fraktion handeln oft auch nicht *gegen* homosexuell empfindende Menschen, sondern *für* den Erhalt der heterosexuellen Ehe, die Schöpfungsordnung, die Aufrechterhaltung des Willens Gottes – wobei offenbleibt, ob dies alles durch homosexuell empfindende Menschen überhaupt gefährdet werden kann. Auch kämpfen sie doch für die Betroffenen, wenn sie innerlich vor Augen haben, dass diese, wenn sie nicht von ihrer Homosexualität umkehren, in der Hölle landen würden. Diese Motivation will ich weder verachten – liegt sie auch nicht bei jedem Kandidaten der Kontra-Fraktion vor – noch negieren. Genau wie bei Jona stellt sich dennoch die Frage nach Gottes Sicht; seine Sicht auf die Menschen in Ninive, die seine Schöpfung waren, für die sein Herz brannte; seine Sicht auf homosexuell empfindende Menschen, die seine Schöpfung sind, für die sein Herz brennt.

Wenn in unseren evangelikalen Gemeinden zu hören ist, Homosexuelle seien selbstverständlich „willkommen", frage ich mich immer, worauf hier die Betonung liegt. Warum ist das überhaupt erwähnenswert? Aus welcher Überzeugung heraus werden Homosexuelle willkommen geheißen, anstatt zur Gemeinde zu gehören? Und bis zu welchem Grad der Homosexualität sind sie noch willkommen? Ein Pastor sagte mir, dass man doch auch Drogenabhängige willkommen heiße und nicht erwarte, dass sie sofort nach ihrer Bekehrung zu Jesus von den Drogen lassen könnten. Diese Veränderung würde man erst mit der Zeit erwarten können. Das war ein Vergleich für das Willkommensein homosexuell empfindender Menschen, meiner Person in dieser Gemeinde. Ab welchem unsererseits festgelegten Sündengrad fangen wir an, Schafe auszusortieren, um die Herde reinzuhalten? Und müssen sich dann die großen Sortierer nach den Worten im Römerbrief gleich mit aussortieren? Wer ist denn dann noch da? Wer fleht vor Gott um Barmherzigkeit für die, die wir womöglich selbst für verurteilungswürdig halten? Wer appelliert an seine Gerechtigkeit, seine Güte, und weist ihn auf die Nöte hin, auf hingegebene und brennende Herzen und erbittet seine Gnade für den Umgang mit möglichen Gesetzesübertretungen? Gnade ist immer trotzdem.

Paulus' Appell im Römerbrief Kapitel 2 ist wie immer radikal. Er schützt die anderen nicht, genauso wenig wie sich selbst. Paulus metzelt fromme Selbstgerechtigkeit geradezu nieder, seine Wut auf diese Haltung steht unübersehbar zwischen den Zeilen und in dem Tempo seiner Rhetorik – und erinnert an den zurechtweisenden Zorn Gottes über Jonas Haltung. Diese Wut von Paulus erklärt sich darin, dass unsere Selbstgerechtigkeit an Gottes Gerechtigkeit weit vorbeigeht.

Kann die Kirche nicht segnen, was Gott nicht segnet? Oder darf Gott nicht segnen, was die Kirche nicht zu segnen freigibt? Ob aus Selbstgerechtigkeit oder Verzweiflung: Wessen Haltung ist maßgeblich für die Zuweisung von göttlicher Gnade, seinem Segen? Die von Menschen oder die Gottes?

Mich führt diese Kompetenzzuweisung, dass Gott allein richtet, in die Freiheit von der Angst vor meinen Mitchristen.

Ihr Urteil ist bis heute hart und kaum auszuhalten. Es liegt aber auch bei mir, ob ich mich unter dieses Urteil stelle und hier einen nicht ordnungsgemäß eingesetzten und damit unzuständigen Richter akzeptiere. Oder ob ich mich dieser Selbsterhebung meiner Geschwister entziehe, vielmehr meine Sache mit Gott ausfechte und mich seinem gerechten Urteil unterstelle. Dabei ist Gottes Gericht kein Kinderspielplatz, wohl aber der Ort und Zeitpunkt, an dem der allmächtige Gott in Wahrheit und Gerechtigkeit urteilen wird.

Gottloses Tun

Ist Römer 1 auch nicht dazu gedacht oder geeignet, die Selbstverurteilung über homosexuelles Verhalten auszusprechen, werden hier doch Handlungen beschrieben, die aus einem gottlosen Herzen erwachsen (könnten). Auch wenn ich mich jetzt – juristisch beurteilt – falsch herum erst mit dem subjektiven Tatbestand, also der inneren Haltung, und dann mit dem zuständigen Richter befasst habe, muss ich doch feststellen, dass möglicherweise bereits der objektive Tatbestand des Textes in Römer 1, also das äußerlich erkennbare Tun, das Paulus beschreibt, von mir nicht erfüllt werden kann. Als homosexuell empfindende Frau bin ich nicht in der Lage, den natürlichen Verkehr zu verlassen, denn ich habe mich nie bei ihm befunden. Ich meine damit nicht, dass homosexueller Verkehr der von Paulus als natürlich bezeichnete Verkehr ist – dass dies meiner Auffassung nach nicht so ist, habe ich oben bereits klargestellt. Von vornherein bin ich nicht im Bereich des Natürlichen unterwegs. Das Verlassen des natürlichen (heterosexuellen) Verkehrs wäre in meinem Fall bereits mit dem Sündenfall geschehen, wäre also nicht mein Tun. Ich habe heterosexuelles Verhalten weder bewusst noch willentlich abgelehnt, ich bin dazu schlicht nicht befähigt und, wie meine Erfahrung gezeigt hat, auch nie befähigt gewesen. Nicht, weil ich nicht gewollt hätte – noch heute würde ich Heterosexualität der Homosexualität in meinem eigenen Leben vorziehen. Dieser Wunsch ist nicht einmal nur auf den geistlichen Fragestellungen und erheblichen Konflikten begründet, sondern vor allem auf der Tatsache, dass mir kein einziger Grund einfällt, homosexuell sein zu wollen. Daran gibt es keinen Vorteil. Im Vergleich mit dem Blinden besteht lediglich der Gedanke, dass meine Homosexualität, meine Blindheit, mir ein Verständnis für bestimmte Dinge in dieser Welt, für sensible Themen bei meinen Mitmenschen eröffnet, die andere, „normale" Menschen aufgrund fehlender Not nicht sehen und deshalb auch nicht nachempfinden können. Das Begreifen meiner eigenen Andersartigkeit hat mich befähigt, Menschen nicht abzustempeln, sondern einen Zugang zu ihren Herzen finden zu wollen. Mein Interesse an oberflächlichen Beziehungen ist demgemäß ziemlich gering, was wiederum auch Nachteile hat. In weiten Teilen hat mir die erzwungene Auseinandersetzung mit meiner Identität vor Gott aber eine höhere Sensibilität und Barmherzigkeit – gerade nicht Gleichgültigkeit – gegenüber meinen Mitmenschen beschert, die ich auch nicht missen möchte. In meinen Jugendjahren war ich ein eher unbarmherziger und harter Mensch, der für das Leben der anderen stets zu wissen meinte, was Gott für richtig hält. An dieser Stelle hat mein Konflikt viel positive Veränderung bewirkt. Über das hinaus bleibt jedoch nichts, was mich dazu bringen könnte, ein heterosexuelles Leben zu verlassen, um ein homosexuelles zu leben.

Wenn ich die Annahme, dass Paulus von Heterosexuellen spricht, die homosexuellen Verkehr praktizieren, näher betrachte, kommt mir unweigerlich in den Sinn, dass hier Sexualität, eine intime und ausgeklügelte gute Idee Gottes, pervertiert wird. Letzteres würden wahrscheinlich auch die Frömmsten unterschreiben. Aber was ist eigentlich die Perversion von Sexualität? Vorfrage: Was ist Sexualität? Wo suche ich dazu nach einer Antwort? Als erstes denke ich an Wikipedia und dann fällt mir ein, dass ich dort wohl kaum eine Antwort auf Gottes Idee zu Sexualität finden werde, sodass es erst gelten muss, den biblischen Befund zu erschöpfen.

Sexualität in Reinform

Dass Sexualität viel mehr und umfassender ist, als der geschlechtliche Akt, auf den sie gerne in unserer heutigen Zeit und auch unter Christen reduziert wird, steht außer Frage. Das Hohelied Salomos beschreibt in poetischer Weise die Entwicklung einer sexuellen Beziehung zwischen Mann und Frau. Salomo bedient sich vieler Bilder und Beschreibungen, um seinen intimen Empfindungen Worte zu verleihen. Da kann sich wohl jeder Salomo zum Vorbild nehmen – aber das wäre dem ein oder anderen womöglich zu freizügig. Dass Gott das in seinem Wort zulässt, erstaunt mich ehrlich.

> „Wie schön bist du, und wie lieblich bist du, Liebe voller Wonnen! Dies ist dein Wuchs: Er gleicht der Palme und deine Brüste den Trauben. Ich sagte mir: ‚Ersteigen will ich die Palme, will nach ihren Rispen greifen. Deine Brüste sollen mir wie Trauben des Weinstocks sein und der Duft deines Atems wie Apfelduft und dein Gaumen wie vom würzigen Wein, der einem Liebhaber sanft eingeht, der über die Lippen der Schlafenden schleicht.' – ‚Ich gehöre meinem Geliebten, und nach mir ist sein Verlangen.' Komm, mein Geliebter, lass uns aufs Feld hinausgehen! Wir wollen unter Hennasträuchern die Nacht verbringen." (Hoheslied 7,7–12)

Geht man jetzt hier davon aus, dass diese Intimität in einer gefestigten ehelichen Beziehung stattfindet, wird man bereits drei Kapitel vorher eines Besseren belehrt.

> „Auf meinem Lager zur Nachtzeit suchte ich ihn, den meine Seele liebt, ich suchte ihn und fand ihn nicht. ‚Aufstehn will ich denn, will die Stadt durchstreifen, die Straßen und die Plätze, will ihn suchen, den meine Seele liebt.‘ Ich suchte ihn und fand ihn nicht. Es fanden mich die Wächter, die die Stadt durchstreifen: ‚Habt ihr ihn gesehen, den meine Seele liebt?‘ Kaum war ich an ihnen vorüber, da fand ich ihn, den meine Seele liebt. Ich ergriff ihn und ließ ihn nicht mehr los, bis ich ihn ins Haus meiner Mutter gebracht hatte und in das Gemach derer, die mit mir schwanger war. Ich beschwöre euch, Töchter Jerusalems, bei den Gazellen oder bei den Hirschkühen des Feldes: Weckt nicht, stört nicht auf die Liebe, bevor es ihr selber gefällt!“ (Hoheslied 3,1–5)

Auch scheint sich diese sexuelle Beziehung nicht nur monogam zu verhalten. Salomo hält nicht zurück, dass sie die eine unter vielen ist.

> „Sechzig Königinnen sind es und achtzig Nebenfrauen und Mädchen ohne Zahl. Eine nur ist meine Taube, meine Vollkommene. Sie ist die Einzige ihrer Mutter, sie ist die Auserkorene ihrer Gebärerin.“ (Hoheslied 6,8–9a)

Die Frage der monogamen Ehe will ich an dieser Stelle nicht diskutieren, wohl aber den Aspekt hervorheben, dass sich zwischen Salomo und dieser einen Frau etwas abspielt, das diese Beziehung von all seinen anderen (sexuellen) Verbindungen unterscheidet. Das Hohelied trieft nur so von sexuellem Verlangen, nahezu triebgesteuertem, kopflosem Verhalten und dem Genuss an der Liebe für und von dem anderen. Mich spricht die Formulierung „der, den meine Seele liebt“ an. Darin klingt die Verbindung an, die zwischen Herz und Herz entstehen kann und deren Grund schwer zu beschreiben ist. Salomo versucht sein Bestes, indem er die Vorzüge seiner Geliebten malerisch beschreibt und auch, wenn uns die Vergleiche, die er zieht, wohl etwas befremdlich vorkommen, wird doch deutlich, dass er seinem Unvermögen gegenüber steht, seine Gefühle in Worte fassen zu können. Sowohl Salomo als auch seine Geliebte sind überwältigt voneinander und lassen sich in diesem Strom der Gefühle treiben. Sie wollen nicht gestört werden und sich einzig gegenseitig zugewandt bleiben, solange der Strom anhält. Klingt unchristlich.

Erkennen

An anderen Stellen findet sich immer wieder der Begriff des „Erkennens“ als Umschreibung für Sexualität im engeren Sinne.

> „Und der Mensch erkannte seine Frau Eva, und sie wurde schwanger und gebar Kain; und sie sagte: Ich habe einen Mann hervorgebracht mit dem HERRN.“ (1. Mose 4,1)

> „Josef aber, vom Schlaf erwacht, tat, wie ihm der Engel des Herrn befohlen hatte, und nahm seine Frau zu sich; und er erkannte sie nicht, bis sie einen Sohn geboren hatte; und er nannte seinen Namen Jesus.“ (Matthäus 1,24–25)

Vor etwa zehn Jahren erhielt ich auf einer Freizeit meiner damaligen Gemeinde einen Bibelvers. Die Bibelverse waren nicht selbst gezogen worden, sondern sie waren von der Gemeindeleitung für jeden Einzelnen vorbereitet worden. Nach welchem System dies geschehen ist, ist mir nicht bekannt, aber der Umstand, dass mein Name auf dieser Karte stand und ich die Schrift einer Schwester zuordnen konnte, die mich schon seit meiner Kindheit kennt und auch begleitet hat, haben dem Vers sicherlich eine eigene Bedeutung gegeben bzw. seine Bedeutung für mich unterstrichen:

> „Du wirst den Herrn erkennen." (Hosea 2,22)

Es ist die einzige Karte, die in meiner Bibel liegt. Ich vermute, ich kann sie erst herausnehmen, wenn ich den Vers begriffen habe und das, was er mir persönlich zu sagen hat. Ich stolpere immer wieder über die Karte und den Begriff des „Erkennens". Dieser Vers löst Trost bei mir aus, ist es doch eine Zusage, und zwar auf ein Ziel hin, das ich für absolut erstrebenswert halte. Der Gedanke, Gott zu erkennen, löst in mir auch eine Sehnsucht aus, ein mehr Wollen, näher zu ihm zu kommen und seine Gedanken, sein Herz zu verstehen. Dies schreibe ich, bevor ich den Versuch starte, den Urtext zum Wort „Erkennen" zu finden bzw. mir mangels Hebraicum übersetzen zu lassen. Dabei stoße ich bei *bibelwissenschaft.de* auf Folgendes:

> „Im Hebräischen wird das Erkennen durch die Wurzel ידע jdʿ zum Ausdruck gebracht, die im gesamten semitischen Sprachraum vorkommt. Im Alten Testament finden sich dafür 1.068 Belege, hinzu kommen 51 aramäische Belege und 42 Belege im Sirachbuch. Statistisch gesehen gehört damit die Wurzel jdʿ zu den am häufigsten verwendeten hebräischen Vokabeln. Ihre Bedeutung lässt sich in die beiden Grundaspekte ‚erkennen' und ‚wissen' auseinanderlegen, ohne dass beide immer säuberlich voneinander zu trennen

wären. Danach bezeichnet die hebräische Wurzel zum einen den prozessualen Erkenntnisvorgang und zum anderen sein resultatives Ziel. [...]

Der Weg, um zu einer Erkenntnis zu gelangen, lässt sich als ein äußerer und als ein innerer Erkenntnisakt beschreiben. Der äußere Erkenntnisakt nimmt seinen Ausgangspunkt bei einer sinnlichen Wahrnehmung, die spontan oder beabsichtigt sein kann. [...]

Die Übergänge von der Verstandestätigkeit zu den Funktionen des Willens sind denn auch fließend, sodass sich das Erkennen im Alten Testament nie als ein rein intellektueller Vorgang fassen lässt. Vielmehr bleibt der Erkenntnisakt mit dem Wollen des Herzens verbunden und auf eine praktische Lebensführung ausgerichtet."

Meine Reaktion auf den Vers aus Hosea scheint nicht ganz neben der Spur zu liegen. Während wir im deutschen Sprachgebrauch „Erkennen" entweder als gelungenen Sichtkontakt oder als eine Form des kognitiven Begreifens verstehen, spricht die Bibel von ganzheitlicher Erkenntnis mit Körper, Seele und Geist. Im Deutschen liegt vielleicht der Begriff des Erfassens näher, aber auch da ist das kognitive Element noch stark im Vordergrund.

Die Bibel verwendet also für den geschlechtlichen Akt wie auch für unsere Beziehung zu Gott den gleichen Begriff. Sex ist demnach weit mehr als ein körperliches Verhalten, eine biologische Zusammenkunft oder eine Triebfolge. Die Bibel beschreibt hier ein einander Wahrnehmen mit allen Sinnen, mit Gefühl, Verstand und Körper. Es scheint die tiefste Verbundenheit überhaupt im gegenseitigen Erkennen zu liegen. Dies wird jedoch nicht nur im Bereich der Sexualität beschrieben, sondern ist darüber hinaus besonders auch für das geistliche

Leben entscheidend. Jesus selbst beschreibt die Beziehung innerhalb der Dreieinigkeit als gegenseitiges Erkennen.

> „Alles ist mir übergeben worden von meinem Vater; und niemand erkennt den Sohn als nur der Vater, noch erkennt jemand den Vater als nur der Sohn, und der, dem der Sohn ihn offenbaren will." (Matthäus 11,27)

An anderer Stelle übersetzt Jesus diese engste Verbindung mit dem Vater mit den Worten: „Ich und der Vater sind eins" (Johannes 10,30). Hier geht es nicht ansatzweise um eine sexuelle Verbindung, sondern um ineinander verwoben und selbstständig gemeinsam eins sein. Keiner löst sich im anderen auf, verbindet sich aber untrennbar mit ihm. Das scheint im Grundsatz erst einmal nichts mit Sexualität zu tun zu haben.

In der Bibel wird der Begriff jedoch auch für Sexualität genutzt. Maria war zu dem Zeitpunkt, in dem sie mit Jesus schwanger wurde, noch Jungfrau; Josef hatte vorher nicht mit ihr geschlafen. Und er „erkannte" sie erst, nachdem Jesus geboren worden war. Bis dahin verband sich Josef nicht auf diese engstmögliche Art mit ihr, sondern beließ sie sozusagen in der Verbindung mit dem Heiligen Geist, solange sie schwanger war. Ein Erkennen Marias durch den Heiligen Geist ist hier im Übrigen nicht beschrieben (Matthäus 1,18). Eine körperliche Beteiligung des Heiligen Geistes – wie es etwa im Verständnis der alten Griechen zwischen Göttern und Menschen üblich war – hat hier also nicht stattgefunden.

Dass Sexualität im Hebräischen als ein ganzheitliches Erfassen beschrieben wird, finde ich höchst attraktiv. Es geht gerade nicht um einen rein körperlichen Akt, sondern darum, sich aufeinander umfänglich einzulassen, paradiesische Schamlosigkeit voreinander zu leben und mit dem eigenen Sein vollständig anwesend zu sein. Im Bereich gesunder Sexualität entdecken wir an uns und dem anderen neue, bis dahin verborgene Seiten, Gefühle und Energien. Da, wo Sexualität zur Freude beider Seiten funktioniert, ist sie die innigste Nähe und vollumfängliche Hingabe, die höchste Form seelischer und körperlicher Intimität, die wir Menschen untereinander erleben können. Sexualität ist eine vielgestaltige Kommunikationsform zwischen Liebenden und schlichtweg gesund und erholsam für Körper, Geist und Seele. Als Klimax geistiger und seelischer Zugewandtheit stellt Sexualität den abschließenden Dreiklang dar, der den Körper mit all seinen Empfindungen miteinbezieht. Das bedeutet im Umkehrschluss aber auch, dass dieser Dreiklang nicht mehr gegeben ist, wenn das Erkennen nicht auch mit dem Verstand und dem Herzen geschieht. Der rein körperliche Akt hat nichts mit der Idee Gottes zur Sexualität zu tun. Damit dürfte sich auch schon eine Teilantwort für die Frage nach pervertierter Sexualität abzeichnen.

Nun stellt sich aber doch die Folgefrage, ob Sexualität, so wie gerade beschrieben, nur zwischen einem Mann und einer Frau gelebt werden kann, ein Erkennen zwischen gleichgeschlechtlichen Partnern also nicht möglich ist. Die Frage stellt sich hier noch nicht nach dem „Dürfen", sondern erst einmal – weil es so oft einfach verneint wird – nach der Möglichkeit. Wenn sich heterosexuell empfindende Menschen in meiner Beschreibung von Sexualität wiederfinden, dann werden sie mir zugestehen müssen, dass dieses Erkennen wohl auch gleichgeschlechtlich geschehen kann, denn nur dort sind meine Erfahrungen, auf denen meine Beschreibung beruht, entstanden. Man mag mir jetzt, wie bereits angesprochen, unterstellen, dass ich schlicht keine Ahnung habe von dem, was ich eigentlich verpasse und welche Vereinigung mit einem Mann möglich wäre, die weit über meine Erfahrung hinausreicht. Da bleibt mir dann aber nur die leicht zynische Rückfrage, woher der Fragesteller dieses vergleichende Wissen hat. Dabei rede ich nicht von einzelnen Lebensbeispielen, in denen sich homosexuelles Empfinden geändert hat und Menschen sodann in heterosexuellen Beziehungen leben konnten (hier könnte im Übrigen auch Bisexualität gegeben sein). Unter dem Gesichtspunkt, dass auch Homosexualität – wie jede Folge des Sündenfalls – als symptomatisches Vorkommnis aus entsprechenden Traumata hervorgehen kann, kann eine Nebenfolge der Traumabewältigung sicherlich auch die Abmilderung der Symptome, also des homosexuellen Empfindens sein. An dieser Stelle aufzuatmen und alle homosexuell empfindenden Menschen als Traumatisierte abzustempeln und sie in „Heilungsfabriken" zu schicken, ist einseitig, lieblos und stumpf zugleich. Aber auch in den Fällen, wo Homosexualität als zeitweises Symptom auftreten mag, dürfte eine heterosexuelle Penetration sicherlich nicht ein Abbild der biblischen Erkenntnis sein, sondern maximal traumaverstärkend.

Die Kontra-Homo-Fraktion zieht gerne ohne jegliche Differenzierung immer wieder einzelne Lebensbilder heran und macht sie dann zur Wahrheit – während sie gegenläufige Lebensbilder als Abwege herabstuft.

> „Jesus wehrt dem Hintergehen und Auflösen der Schöpfungsordnung für Mann und Frau (Mt 19,4–6) und weist so den Weg zu Glück und Segen. Dieses Glück bezeugen viele Menschen, die zumindest auf Abschnitten ihres Lebensweges gleichgeschlechtlich unterwegs waren und dann dem Evangelium – Jesus Christus selbst – begegnet sind. Wer ihr Zeugnis wahrnimmt und ernst nimmt, wird der Seelsorge im Sinne des Herrn keinen Gottesdienst zur Segnung des Abweges an die Seite stellen, sondern vielmehr Beratung und Seelsorge in der Spur von Jesus fördern, die die

> annehmende, vergebende und erziehende Gnade Gottes erfahrbar macht." (So Tobias Eißler in der Handreichung für Kirchengemeinderäte des Netzwerks Bibel und Bekenntnis *Was Gott nicht segnet, kann die Kirche nicht segnen!, S. 55.)*

Schon die hier dargestellte Chronologie, erst gleichgeschlechtlich unterwegs zu sein und *dann* Jesus zu begegnen, zeigt auf, wie kurz die Verfasser dieser zitierten Handreichung denken. Es scheint keine andere Version zu geben; dass Menschen Jesus kennen und homosexuell empfinden, ja vielleicht sogar in einer homosexuellen Beziehung leben, ist undenkbar. Es ärgert mich, dass kluge Menschen, Theologen, die sich nicht mit dem Thema, sondern nur mit ihrem Ergebnis befassen, solche Thesen veröffentlichen und damit eine Spur der Herzlosigkeit hinter sich herziehen, bejubelt von Geschwistern, die es ihnen nachtun. Dass hier nicht wirklich Fragen gestellt und Erkenntnis gesucht wurden, zeigt sich auch durch die Formulierung, dass diese Zeugnisse (die in die eigene Theologie passen) „wahr und ernst genommen werden müssen", wenn man „im Sinne des Herrn" handeln will. Nach meiner menschlichen Natur würde ich auch manchmal gerne nur die Zeugnisse und Predigten ernst nehmen, die meinem eigenen Wollen und Wünschen entsprechen, aber dann stünde ich wohl kaum an dieser Stelle, danach suchend, was Gott über meine jahrelange Prägung hinaus vielleicht wirklich zu sagen hat. Gott lässt sich durch Wissenschaften und Studien nicht begreifen; ihn zu erkennen, ist nur durch Jesus selbst möglich (Johannes 17,3+25). Aber es war Jesus, der uns vorgelebt hat, hinzusehen, nicht alles über einen Kamm zu scheren, sondern mit Menschen in Beziehung zu treten. Das ist doch gerade der Unterschied zwischen Gesetz und Liebe, zwischen Urteil und Barmherzigkeit, zwischen Kopf und Herz. Jeder Mensch, egal was er tut oder lässt, ist doch nach dem Gesetz dem Todesurteil unterworfen. Das Gesetz lässt sich per Kopf auslegen und mit harter Hand anwenden. Mit Jesus kommt Gottes Herz zu uns, lässt sich für unsere Gesetzlosigkeit und Sündhaftigkeit kaputtschlagen, um dann zu neuem Leben zu kommen und in uns zu pulsieren. Damit beginnt eine andere Zeitrechnung, nicht nur kalendarisch. Mit Jesus ist uns die Erkenntnis Gottes möglich, nicht zuerst das Verstehen seiner Gesetze. Wenn ich also ein Thema, eine Fragestellung wirklich erkennen will, dann muss ich sie umfassend durchdringen, mit meinem ganzen Sein – und das ist vielen verständlicherweise bei Themen, die sie selbst nicht betreffen, zu anstrengend und vielleicht auch zu riskant. Wer hier aber keine Erkenntnis hatte, der sollte sich meiner Meinung nach in der Diskussion zurückhalten. Anbei bemerkt glaube ich nicht, dass nunmehr nur homosexuell empfindende Menschen zu diesem Thema Erkenntnisse haben können, auch diese müssen keine haben. Ob hetero- oder homosexuell: Es zeigt sich immer, ob sich jemand wirklich hingegeben hat oder nicht, das betrifft meinem Dafürhalten nach alle Fragestellungen, die wir hier auf dieser Erde bearbeiten. Nicht jeder muss jedes Thema durchdringen. Wenn man dies aber vorgibt, sollte man es auch tun.

Erkennen ist nicht gleich Verstehen, sondern ein Durchdringen, ein tiefes Begreifen meines Gegenübers, die umfassendste Form einer Beziehung. Meinen Partner zu erkennen, bezieht mich mit all meinen dazu vorhandenen Möglichkeiten ein – und es zeigt auf, dass Partnerschaft und der Wunsch danach nicht auf den Wunsch nach Sex und das Erreichen dieses Zwecks ausgerichtet sind bzw. sein sollten. Der Vorschlag, homosexuell empfindende Menschen könnten doch als Singles einfach tiefe Freundschaften pflegen, geht mit Blick auf den

Sinn von Partnerschaft fehl. „Müsst ihr denn unbedingt Sex haben?“ Rückfrage an die heterosexuell Verheirateten: In dem Fall, dass Sexualität in eurer Ehe aus welchem Grund auch immer nicht gelebt werden kann, ist die Beziehung dann ohne Unterschied mit einer engen Freundschaft gleichzusetzen? Ich hoffe nicht. Mein Gegenüber als Partner zu erkennen, verzahnt mich unzertrennlich mit ihm. So ist es jedenfalls gedacht, auch dann, wenn auf körperlicher, emotionaler oder geistiger Ebene mal Talfahrten durchgemacht werden. Gott hat sich unter Partnerschaft etwas grundlegend anderes vorgestellt als „Freundschaft Plus“.

Ein Fleisch sein

Nicht nur einmal wurde auf den Teenagerfreizeiten meiner Kindheit das folgende „Experiment“ vorgeführt: Zwei Papierblätter wurden mit Kleber zusammengeklebt und fest aneinander gedrückt. Nach kurzer Trocknungszeit, die zu der Erklärung genutzt wurde, dass das eine Blatt einen Mann und das andere Blatt eine Frau darstellt, die gemeinsam sexuell verkehren, wurden beide Blätter wieder auseinandergezogen. Es war das Bild für die Trennung einer sexuellen Einheit. Beide Blätter überstanden die Trennung nicht unbeschadet, sondern waren zum einen selbst durchlöchert und zum anderen fanden sie ihre fehlenden Bestandteile an dem anderen Blatt festgeklebt. Die Botschaft war nicht schwer zu verstehen. Durch Sexualität verbindet sich ein Mensch so umfassend mit einem anderen Menschen, dass durch eine nachfolgende Trennung beide Menschen Schaden nehmen. In diesem Zusammenhang wurde auch der Begriff „ein Fleisch sein“ erwähnt mit der Schlussfolgerung: Was Gott zusammenfügt, darf der Mensch nicht scheiden. Tut der Mensch es doch, ist das Schadensbild gerade die Folge des Ungehorsams gegenüber dem Wort Gottes. Als

Adressaten im Teenageralter ging es für uns wohl weniger um die Frage der Ehescheidung als um die des vorehelichen Geschlechtsverkehrs.

Ich fand und finde dieses Bild sehr einleuchtend und auch zutreffend. Bereits das intime Gespräch mit einem anderen Menschen, eine Situation, in der ich mein Innerstes verbal anvertraut habe, führt zu einer Verbindung, deren Auflösung, beispielsweise durch Streit oder Illoyalität, sehr schmerzhaft ist und die bei mir einen Schaden hinterlässt. Selbst die Zerstörung dieser Herzenseinheit führt zu persönlichem Zerbruch auf mindestens einer der beiden Seiten. Mit Blick darauf, dass Sexualität umfassend ist, Körper, Geist und Seele mit einbezieht, ist der Schaden, den ein verantwortungsloser Umgang damit anrichten kann, umso weitreichender. Hier ein weiteres Dogma aufzurichten, das sodann wieder alle Menschen über einen Kamm schert, ist nicht mein Bestreben. Nur aus meinem eigenen Erleben heraus kann ich das bestätigen und es führt mich zu der Erkenntnis, dass mein Umgang mit meiner Sexualität ein verantwortungsvoller und bewusster sein muss.

Die Hinführung dieses Bildes mit den zwei Papieren auf die biblische Bestimmung „ein Fleisch zu sein", ist meines Erachtens aber zu weit hergeholt und zu sehr im Bild geblieben (wobei auch die beiden Papiere nicht ein Papier werden).

> „Da sagte der Mensch: Diese endlich ist Gebein von meinem Gebein und Fleisch von meinem Fleisch; diese soll Männin heißen, denn vom Mann ist sie genommen. Darum wird ein Mann seinen Vater und seine Mutter verlassen und seiner Frau anhängen, und sie werden zu einem Fleisch werden." (1. Mose 2,23–24)

Bevor es auf der Erde Vater und Mutter gab, wurde festgelegt, dass die Verbindung von Mann und Frau dergestalt sein sollte, dass die Ursprungsfamilie außen vor bleiben musste. Es sollte eine Beziehung ermöglicht und gepflegt werden, die von Exklusivität geprägt ist. Geht es hier um geschlechtliche Vereinigung? Ob Adam und Eva bereits im Paradies sexuell aktiv waren, ist nicht bekannt. Nach dem Sündenfall erkannte Adam Eva und sie wurde schwanger. Ein Fleisch zu sein, scheint zumindest viel mehr zu sein, als sexuell miteinander zu verkehren, erst recht viel mehr, als biologisch „ineinander" zu passen. Eva wurde aus der Seite Adams geschaffen, nicht etwa aus seinem Geschlechtsteil. Das ist nicht vulgär gemeint, sondern bezieht sich auf die Zielrichtung der Vorgabe, ein Fleisch zu sein. Eva wurde Adams Seite entnommen, war Fleisch von seinem Fleisch und sie sollten ein Fleisch zu zweit sein. Körperlich wurden sie eigenständig nebeneinandergestellt – ob sie Seite an Seite blieben, oblag ihrer Entscheidung. Mangels Alternativen könnte man sich fragen, weshalb Exklusivität eine Vorgabe für die Beziehung zwischen Adam und Eva war. Vater und Mutter zu verlassen, stand für beide nicht auf der Agenda. Ein Fleisch zu sein, bedeutet wohl nicht nur die Abgrenzung zur Ursprungsfamilie, sondern die untrennbare Verbindung, die zwei Menschen miteinander eingehen.

Am Beginn von Beziehungen und Ehen kann oft beobachtet werden, wie aus zwei „Ichs" ein „Wir" wird, insbesondere sprachlich. Plötzlich werden Terminplanungen nicht mehr mit einer der beiden Personen gemacht, sondern häufig sieht man sich einem „Wir-Kalender" gegenüber, wobei es nicht nur um ein Absprachebedürfnis unter den Partnern geht. Man fragt den einen an und die Antwort „wir können da leider nicht" beantwortet nicht nur die eigentliche Frage. Wenn ich diese Veränderungen beobachte, muss ich immer etwas schmunzeln, weil das fast ohne Ausnahme so geschieht – weniger zum Schmunzeln ist der Umstand, dass das oft ein Ausdruck großer Verliebtheit ist und mit Verblassen derselben auch wieder schwindet, wenn mit der Verliebtheit auch die Verbindlichkeit zwischen den Partnern versickert. Ein Wir auf Dauer zu werden scheint nicht selbstverständlich zu sein. Es ist kein Selbstläufer, dass sich zwei Menschen derart verbinden und verbunden bleiben, dass auch und gerade im Innenverhältnis der Partnerschaft kein Gegeneinander herrscht. Nicht nur aus möglicherweise eigenen finanziellen oder emotionalen, ja auch körperlichen Motiven, am Wohl meines Partners interessiert zu sein, sondern gerade um seinetwillen, das kann ein fruchtbares Miteinander bedeuten. Kam es auch für Adam und Eva zu Beginn nicht in Betracht, sind es doch auch äußere Einflüsse, die dieses „Seit an Seit" erheblich stören und die Partner voneinander entfremden können. Exklusivität ist eben auch Abgrenzung. Abgrenzung von geistigen, seelischen und körperlichen Einflüssen, die jedenfalls geeignet sind, das eine Fleisch auseinanderzureißen. Dennoch sind Paare diesen Einflüssen ausgesetzt und dass sie nicht berufen sind, ein Stein zu sein, spricht auch für Lebendigkeit und Beweglichkeit, aber eben in Bezug aufeinander und in Beziehung miteinander.

Dieser Anspruch, ein Fleisch zu sein, ist überhoch. Das sechste Gebot: „Du sollst nicht ehebrechen" (2. Mose 20,14), hat Jesus genau unter diesem Anspruch konkretisiert:

> „Ihr wisst, dass es heißt: ‚Du sollst nicht die Ehe brechen!' Ich aber sage euch: Jeder, der eine Frau mit begehrlichem Blick ansieht, hat damit in seinem Herzen schon Ehebruch mit ihr begangen." (Matthäus 5,27–28)

Ehebruch beginnt da, wo ich das eine Fleisch, zu dem ich mich verbunden habe, im Kopf, im Herzen oder körperlich verlasse. Jesus bezieht sich hier gerade nicht auf die sexuelle Ebene, sondern erklärt den Hintergrund des sechsten Gebotes. Es geht um eine Einheit, die nicht auseinandergerissen werden soll, die Partner sollen sich nicht von der Seite weichen. Damit ist keine ungesunde Symbiose gemeint, die von Abhängigkeiten geprägt ist. Abhängigkeiten werden gerade nicht durch ein Füreinander, sondern im Tiefsten durch ein Gegeneinander und dem Streben nach eigenen Sicherheiten auf Kosten des anderen geprägt. Jesus macht deutlich, dass das Verlassen meines Partners frühestens durch die Augen in den Kopf und wohl dann auch in den Körper geht. Wenn mein Herz mitbetroffen ist, wird es umso schwieriger, wieder an die Seite meines Partners zurückzugelangen.

Nun könnte die These, dass die Bestimmung, ein Fleisch zu sein, nicht auf sexuelle Vereinigung abzielt, eine Gegenthese im 1. Korintherbrief finden:

> „Alles ist mir erlaubt, aber nicht alles ist nützlich. Alles ist mir erlaubt, aber ich will mich von nichts beherrschen lassen. Die Speisen sind für den Bauch und der Bauch für die Speisen; Gott aber wird sowohl diesen als auch jene zunichte machen. Der Leib aber ist nicht für die Hurerei, sondern für den Herrn und der Herr für den Leib. Gott aber hat den Herrn auferweckt und wird auch uns auferwecken durch seine Macht. Wisst ihr nicht, dass eure Leiber Glieder Christi sind? Soll ich denn die Glieder Christi nehmen und zu Gliedern einer Hure machen? Auf keinen Fall! Oder wisst ihr nicht, dass, wer der Hure anhängt, ein Leib mit ihr ist? ‚Denn es werden', heißt es, ‚die zwei ein Fleisch sein.' Wer aber dem Herrn anhängt, ist ein Geist mit ihm. Flieht die

> Unzucht! Jede Sünde, die ein Mensch begehen mag, ist außerhalb des Leibes; wer aber Unzucht treibt, sündigt gegen den eigenen Leib.“ (1. Korinther 6,12–20)

Paulus spricht hier von der Verbindung mit einer Hure – gegenüber der Verbindung mit dem Geist Gottes. Der Hure anzuhängen oder dem Herrn anzuhängen, stehen sich hier gegenüber. Auf den ersten Blick wird man hier durch das Beispiel der Hurerei auf sexuelles Einswerden geworfen, aber ich glaube, Paulus will viel mehr. Paulus geht es darum, wem und was wir anhängen, ja, wovon wir uns abhängig machen und welche Auswirkungen unsere Wahl auf unsere Einheit mit dem Geist Gottes hat. Dies bezieht Paulus hier gerade auch auf körperlich sexuelle Verbindungen – das wird gerade im voranstehenden Abschnitt deutlich:

> „Aber ihr selbst tut Unrecht und übervorteilt, und das Brüdern gegenüber! Oder wisst ihr nicht, dass Ungerechte das Reich Gottes nicht erben werden? Irrt euch nicht! Weder Unzüchtige noch Götzendiener noch Ehebrecher noch Lustknaben noch Knabenschänder noch Diebe noch Habsüchtige noch Trunkenbolde noch Lästerer noch Räuber werden das Reich Gottes erben. Und das sind manche von euch gewesen; aber ihr seid abgewaschen, aber ihr seid geheiligt, aber ihr seid gerechtfertigt worden durch den Namen des Herrn Jesus Christus und durch den Geist unseres Gottes.“ (1. Korinther 6,8–11)

Dieser Abschnitt dient übrigens am häufigsten dazu, Homosexuelle in die Hölle zu schicken – das mag auch durch aktuelle Bibelübersetzungen wie die Neue Genfer Übersetzung (NGÜ) und die Neues Leben Bibel (NLB) noch verstärkt werden, die sich die zweifelhafte Freiheit nehmen, die Begriffe Lustknaben und Knabenschändung mit dem „Eingehen homosexueller Beziehungen" zu synonymisieren. Dabei wird die Aufgabe, das Wort Gottes dem „Volk ins Maul" zu schreiben, genutzt, um vermeintlich christliche Politik zu machen.

Paulus zählt hier erneut Verhaltensweisen auf, die dazu führen, dass ihre „Täter" das Reich Gottes nicht erben werden (ob das gleich der Höllengang ist, sei mal dahingestellt). Hier wird ein klarer Zusammenhang zwischen Fehlverhalten und der Abwendung von der Einheit mit dem Geist Gottes hergestellt. Paulus benutzt sodann in Vers 16 das Beispiel der Hurerei aus den Versen davor, um die Verbindung deutlich zu machen, die durch solches Verhalten entsteht. Es geht hier um Bindungen, die uns vom Geist Gottes wegtreiben. Würde es sich hier allein aufgrund der Ein-Fleisch-Aussage nur um sexuelle Verbindungen drehen, wären die Götzendiener, Räuber und Habgierigen nicht von seiner Schlussfolgerung, der Trennung vom Geist Gottes, mit erfasst. Nein, Paulus geht hier, ebenso wie Jesus im Matthäusevangelium, weit über eine körperliche Verbindung hinaus; er bezieht diese aber wohlweislich mit ein. Er spricht über die Verunreinigung und Fremdbindung unserer irdischen Körper, die zum Leib Christi gehören. Unter Einbeziehung von Diebstahl und Habgier geht es Paulus gerade um unsere Herzen, die Gott anhängen sollen, um ein Geist mit ihm zu sein. Paulus macht deutlich, dass auch körperliches Handeln, welches uns alles erlaubt sein mag (Vers 12), uns beherrschen und in Abhängigkeiten führen kann. Auch Unzucht ist als Überbegriff nicht auf das Geschlechtliche beschränkt, sondern bezieht sich häufig auch auf Götzendienst (vgl. Rienecker, Maier, *Lexikon zur Bibel, S. 1628)*. Wenn Paulus also dazu aufruft, vor Unzucht zu fliehen, da man damit gegen seinen eigenen Leib sündige (1. Korinther 6,20), zeigt dieser

Aspekt die alles durchziehende Kraft von Abhängigkeiten auf. Die Beispiele, die er aufführt, haben Suchtcharakter – damals wie heute. Darum ist auf der körperlichen und sexuellen Ebene die Unterscheidung zwischen Triebbefriedigung (Hurerei, Ehebruch, Knabenschändung), die mich abhängig macht, und dem Führen von dauerhaften (auch homosexuellen) Liebesbeziehungen fundamental wichtig.

In allem, was ich tue und bin, gilt meine Abhängigkeit allein dem Geist Gottes, denn mit ihm wird vor Gott und Menschen deutlich, dass ich sein Eigentum bin.

> „Und tut nichts, was Gottes heiligen Geist traurig macht! Denn der Heilige Geist ist das Siegel, das Gott euch im Hinblick auf den Tag der Erlösung aufgedrückt hat, um damit zu bestätigen, dass ihr sein Eigentum geworden seid." (Epheser 4,30)

Das gilt auch und gerade in Beziehung zu anderen Menschen. Davon macht auch der Ehe-Gedanke Gottes keine Ausnahme. Der Faktor der körperlichen, sexuellen Verbindung im Ein-Fleisch-Werden soll hier nicht negiert werden. Sie ist jedoch nicht das Hauptmerkmal dieses Ziels. Paulus geht an anderer Stelle von der Auflösbarkeit der Ehe in dem Fall aus, dass sich der ungläubige Partner von dem gläubigen Partner trennen will.

> „Wenn sich der ungläubige Partner jedoch scheiden lassen will, mag er es tun. Der gläubige Mann oder die gläubige Frau ist in diesem Fall nicht verpflichtet, an der Ehe festzuhalten. Denkt daran, dass Gott euch zu einem Leben im Frieden berufen hat." (1. Korinther 7,15)

Paulus eröffnet jedoch nur die Möglichkeit, dass sich der ungläubige Partner aus der Ehe löst – der gläubige Partner soll die Ehe von sich aus aufrechterhalten in der Hoffnung, dass der ungläubige Partner noch gerettet wird (1. Korinther 7,16). Hier wird die geistliche Abhängigkeit zu Gott über die leibliche Abhängigkeit, das Ein-Fleisch-Sein mit dem Partner, gestellt. Es wird hier im Gegensatz zu dem Umstand, dass die Trennung von dem gläubigen Partner ausgeht (1. Korinther 7,11), von Paulus nicht vorgegeben, ob eine erneute Heirat erlaubt ist. Da im Anschluss keine Ehelosigkeit gefordert wird, könnte darauf geschlossen werden, dass ein weiteres Ein-Fleisch-Werden mit einem neuen Ehepartner möglich ist. Es bildet sich eine neue exklusive partnerschaftliche Beziehung, in der Sexualität gelebt wird und gelebt werden soll. Die (un-)geistliche Haltung des ehemaligen Partners, der die Ehe aufgelöst hat, stellt Paulus hier höher als die Tatsache, dass die Eheleute sexuell miteinander verkehrt hatten.

Jesus spricht davon, dass wir nicht scheiden sollen, was Gott zusammengefügt hat.

> „Jesus entgegnete: ‚Habt ihr nicht gelesen, dass der Schöpfer am Anfang die Menschen als Mann und Frau erschuf und dass er gesagt hat: Deshalb wird ein Mann Vater und Mutter verlassen und sich mit seiner Frau verbinden, und die zwei werden ein Leib sein? Sie sind also nicht mehr zwei, sondern sie sind ein Leib. Darum: Was Gott zusammengefügt hat, soll der Mensch nicht trennen.'" (Matthäus 19,4–6)

Dabei bezieht er sich ebenso auf das Argument aus dem Schöpfungsbericht, dass Mann und Frau sich miteinander verbinden und ein Fleisch/ein Leib werden. Der Bericht im Matthäusevangelium beginnt mit der Mitteilung, dass die Pharisäer Jesus eine Falle stellen wollten und ihn sodann danach fragten, ob nicht – auf der Grundlage des mosaischen Gesetzes – ein Mann sich beliebig von seiner Frau scheiden lassen könne. Durch Übergabe eines Scheidebriefs konnte der Ehemann seine Frau aus der Ehe, ganz gleich aus welchem Anlass, „entlassen". Jesus geht mit dieser Einstellung der Pharisäer, die ihn erneut lediglich auf seine Gesetzestreue prüfen wollen, hart ins Gericht. Er verweist auf den Gedanken Gottes über die eheliche Verbindung, wonach sie eben nicht beliebig aufzulösen ist, sondern eine feste auch körperliche Gemeinschaft ist, deren Beendigung zu Lebzeiten nicht vorgesehen ist. Wie so häufig, und das erwähnt Jesus hier auch ausdrücklich, schießt er gegen die Hartherzigkeit der Pharisäer, derjenigen, die sich das Gesetz zu eigen machen, um andere Menschen zu unterdrücken und ihre vermeintliche geistliche Vorherrschaft auszubauen. Diesen Leuten gibt Jesus klar zu verstehen, dass das Gesetz sie selbst härter treffen wird, als sie ahnen; er lässt sie nicht an der langen Leine laufen, sondern verurteilt ihre Herzenshaltung gegenüber Gott und ihren Mitmenschen auf das Schärfste. Dieser Haltung Einhalt zu gebieten, ist meines Erachtens der Schwerpunkt, den Jesus hier legt, nicht etwa die Beantwortung der Frage, ob allein Sexualität zwei Menschen derart eins macht, dass sie vor Gott untrennbar verbunden sind. Demzufolge steht auch die Haltung von Paulus über die unter bestimmten Umständen mögliche Auflösbarkeit der Ehe und damit auch der leiblichen Verbundenheit nicht im Widerspruch zu den Worten Jesu gegenüber den Pharisäern.

Warum ein Ausflug ins geistliche Eherecht? Das Ein-Fleisch-Werden von Mann und Frau wird oft für den Begriff reiner Sexualität verwandt. Auf Grundlage des biblischen Befundes geht es dabei jedoch um wesentlich mehr als um Sexualität. Es geht um eine willentliche, umfängliche Verbindung von zwei Menschen, auch hier mit Körper, Seele und Geist, vergleichbar dem Begriff des Erkennens. Nun stellt sich die Folgefrage, ob die biologische Übereinstimmung von Mann und Frau die Voraussetzung für den leiblichen Aspekt dieses Ein-Fleisch-Werdens ist. Häufig wird in der Homo-Debatte das Argument gebracht, dass Mann und Frau wie Stecker und Steckdose durch Gott gebaut wurden und dass es in einer homoerotischen Beziehung keine vergleichbaren körperlichen Gegebenheiten gibt. Es ist mir ehrlich gestanden zuwider, mich auf dieses Niveau herabzulassen. Es sei nur bemerkt, dass bei dieser Argumentation auch zwischen Mann und Frau hinsichtlich der biologischen Passgenauigkeit wohl von einem paradiesischen Zustand ausgegangen wird, beklagen doch viele Paare, dass es aufgrund individueller Gegebenheiten „nicht passe“. Es werden Ärzte aufgesucht, sogar Operationen vorgenommen, um die geschlechtlichen Gegebenheiten so zu gestalten, dass mit Genuss Sexualität gelebt werden kann. Dabei geht es nicht, wie man vielleicht unterstellen mag, um Sonderwünsche, sondern um die biologischen Grundlagen, die für den heterosexuellen Geschlechtsverkehr erforderlich sind. Es wird also mit den Folgen des Sündenfalls, mit Abweichungen von dem perfekten Schöpfungskörper gehaushaltet und Abhilfe gesucht, um das partnerschaftliche Verlangen umsetzen zu können.

Keinesfalls will ich den Schöpfungsgedanken Gottes über die Komplementarität der männlichen und weiblichen Geschlechtsteile hinterfragen, der ist unverkennbar. Der Sündenfall brachte aber auch in diesem Bereich und auch für heterosexuelle Paare Abweichungen mit sich. Im Übrigen – und auch das will ich nicht vertiefen – würde die Beschränkung auf die biologische Verbindbarkeit der Geschlechter per definitionem nur einzelne Formen heterosexueller Sexualakte zulassen, um sie dem Ziel, ein Fleisch zu werden, dienen zu lassen. Sexuelle Praktiken, die dem Steckdosenprinzip nicht entsprechen, wären danach nicht schöpfungskonform. Dann sollten wir mal in den christlichen Schlafzimmern aufräumen – oder lieber nicht, weil biblische Sexualität von Individualität und Kreativität lebt, wie das Hohelied Salomos unterstreicht.

Tatsächlich komme ich zu dem Ergebnis, dass die Zielrichtung einer Partnerschaft, ein Fleisch zu sein, nicht nur für heterosexuelle Paare gilt, sondern – sofern grundsätzlich erlaubt – sodann auch für homosexuelle Paare. Sexualität dient nie dem Selbstzweck, sondern ist auf das Erkennen meines Partners, auf das Einswerden mit ihm in Körper, Seele und Geist bezogen. Nichts davon darf mich abhängig machen. Ich soll weder abhängig vom Sex noch abhängig vom Partner selbst sein. Meine Abhängigkeit besteht immer gegenüber Jesus Christus und alles Weitere ist ihm untergeordnet. Das kann sowohl für das Eingehen einer heterosexuellen Verbindung als auch einer homosexuellen Verbindung bedeuten, von dieser Abstand zu nehmen. Es könnte aber, das bleibt nach wie vor herauszufinden, auch für eine homosexuelle Beziehung bedeuten, dass sie vor Gott als Äquivalent zur Ehe, als Prothese Bestand hat.

Perversion von Sexualität

Homosexualität wird nach wie vor als Paradebeispiel für die Perversion von Sexualität nach Gottes Vorstellungen gesehen. Mit Blick auf das Ergebnis über Sexualität in Reinform bestätigt sich dieser Vorwurf so nicht. Der Begriff „pervers“ an sich wird in unserem christlichen Sprachgebrauch insbesondere im Bereich Sexualität genutzt und vorrangig für die Sexualformen, die dem Nutzer des Wortes fremd, besonders schambesetzt oder unmöglich in der Vorstellung für das eigene Sexualleben sind. Als pervers wird oft das bezeichnet, was der Beurteilende für sich selbst als „no go“ festgelegt hat. Ich glaube nicht, dass sich dabei die heterosexuellen Paare in unseren christlichen Gemeinden auf Sexualformen einigen könnten, die alle Paare als nicht pervers im dargestellten Gebrauch des Wortes bezeichnen würden. Über bestimmte Formen von Sexualität könnte sicherlich erheblicher Streit entstehen – darüber, ob diese Sexualform nun in Gottes Sinne oder pervers sei. Das Ausleben von Sexualität ist derart vielgestaltig, gerade in einer liebevollen Zweierbeziehung, dass die Experimentierfreude des Menschen auch vor ihr nicht haltmacht. Es geht dabei nicht darum, dass alles gutzuheißen ist, was die Lust steigert (auch hier bleibt die Abgrenzung zur Abhängigkeit), aber zwischen kreativ gelebter und pervertierter Sexualität liegen mitunter Welten, und diese liegen bei uns Menschen so oft nur im Auge der Betrachter, die an dieser Stelle in ihren eigenen Erfahrungen und selbst auferlegten Keuschheitsgesetzen verhaftet bleiben und nicht nach Gottes Ideen und seiner Weite zu fragen wagen.

Unter Bezugnahme auf die Ausführungen zu Sexualität in Reinform, die auf das Erkennen des Partners und das Ziel, ein Fleisch mit ihm zu werden, hinauslaufen und nicht in die Abhängigkeit führen sollen, ist davon wohl auch die Perversion von Sexualität abzuleiten. Perversion (von lateinisch perversus „verdreht“, „verkehrt“) bezeichnet eine Verkehrung ins Krankhafte oder Abnorme bzw. ein solches Empfinden und Verhalten.

Die Fragestellung nach pervertierter Sexualität ergab sich für mich aus dem Katalog aus Römer 1, bezogen auf homosexuelles Sexualverhalten, konkret aus den folgenden Versen:

> „Aus diesem Grund hat Gott sie entehrenden Leidenschaften preisgegeben. Die Frauen vertauschten den natürlichen Geschlechtsverkehr mit dem widernatürlichen, und genau-

> so machten es die Männer. Statt mit Frauen zu verkehren, wie es der natürlichen Ordnung entspricht, wurden sie von wildem Verlangen zueinander gepackt; Männer ließen sich in schamlosem Treiben mit anderen Männern ein." (Römer 1,26–27)

Die Beschreibung des Paulus bezieht sich auf ein Sexualverhalten, das sich von dem, was für die Menschen, die sich so verhalten, eigentlich normal wäre, abkehrt. Hier wird auf willentlich mangelnde Triebkontrolle, süchtiges Erleben und Sexualisierung abgestellt. Anhand der Elberfelder Übersetzung, die vom „Verlassen" des natürlichen Verkehrs spricht, wird deutlich, dass es den Menschen, die so handeln, weder um das Erkennen des Partners im biblischen Sinne geht noch darum, mit diesem sich so tief und dauerhaft zu verbinden, dass man gemeinsam ein Fleisch werden möchte. Vielmehr beschreibt Paulus ein Sexualverhalten, das allein der eigenen Befriedigung dient, die sodann nicht einmal mehr im heterosexuellen Verkehr gelebt wird, in dem der Mensch eigentlich „zu Hause" ist. Die Menschen suchen zur Steigerung ihrer Lust sexuelle Befriedigung außerhalb des ihrem Leben individuell zugedachten Rahmens. Diese Abkehr, Perversion, hat Suchtcharakter. Sie ist ein triebgesteuerter Strudel, in dem die Gabe des Geistes der Selbstbeherrschung keinerlei Raum hat.

> „Die Frucht hingegen, die der Geist Gottes hervorbringt, besteht in Liebe, Freude, Frieden, Geduld, Freundlichkeit, Güte, Treue, Rücksichtnahme und Selbstbeherrschung. Gegen solches Verhalten hat kein Gesetz etwas einzuwenden. Nun, wer zu Jesus Christus gehört, hat seine eigene Natur mit ihren Leidenschaften und Begierden gekreuzigt." (Galater 5,22–24)

Da aber, wo Selbstbeherrschung auch im Bereich unserer Sexualität die Triebsteuerung unter Kontrolle hat, hat „kein Gesetz etwas dagegen einzuwenden" (Galater 5,23). Pervertierte Sexualität beherrscht mich – Sexualität, wie sie von Gott gedacht ist, wird von mir in der Kraft seines Geistes beherrscht. Dass alle Leidenschaften und Begierden laut Paulus mit gekreuzigt werden, bedeutet im Umkehrschluss nicht die Abschaffung von Sexualität. Denn obwohl diese bereits biologisch bedingt eine erhebliche Kraft hat, soll sie für Christen nie eine Größe erlangen, die mächtiger ist als der Geist Gottes in uns. Das klingt sehr theoretisch. Vielleicht so: Sexualität in ihrem ganzen Umfang kann meinen Geist vernebeln, meinen Partner instrumentalisieren, meine Lüste außerhalb einer erkenntnisreichen Beziehung zu befriedigen suchen, wenn sie von dem Schöpfungsgedanken abweicht. Allein die Wahrnehmung der modernen Gesellschaft in Bezug auf Sexualität zeigt auch ihre zerstörerische Kraft, wenn wir nicht die Absicht haben, uns selbst und unsere Sexualität zu beherrschen und stattdessen einen vom biblischen Befund weg pervertierten Umgang mit ihr pflegen. Der Schadensumfang der aufgrund pervertierten heterosexuellen Beziehungsverhaltens in unserer Gesellschaft zu sehen ist, ist immens. Das macht vor unseren Gemeinden nicht halt und dabei meine ich nicht offensichtlich zerbrochene Ehen und Familien. Es geht um mangelnde Selbstbeherrschung, Selbstbefriedigung am Partner, die zur Erniedrigung desselben führt und im Ergebnis auch in sexuelle (Co-)Abhängigkeiten mündet, in denen der Geist Gottes maximal eine untergeordnete Rolle spielen darf. Der göttliche Sexualitätsgedanke wird damit ad absurdum geführt und pervertiert.

Auch die Neuropsychologie spricht bei Perversion von Abhängigkeiten und Suchtverhalten im sexuellen Bereich. Volkmar Sigusch beschreibt im Deutschen Ärzteblatt 2002, 99 (55) *Leitsymptome süchtig-perverser Entwicklungen:*

„Von einer süchtig-perversen Entwicklung und damit von einer behandlungsbedürftigen Störung sollte klinisch nur dann gesprochen werden, wenn folgende Leitsymptome vorliegen: Sexualisierung, zwanghafte Externalisierung sexueller Wünsche, dominante Fetischisierung eines Gegenstandes oder einer Szene und süchtiges Erleben."

Der Gipfel heterosexueller Perversion scheint im Römerbrief der triebgesteuerte Wechsel in homosexuelles Verhalten zu sein. Das kann ich nachvollziehen, würde aber nicht ausschließen, das wir mittlerweile noch mehr Formen gefunden haben, um uns von Sexualität beherrschen zu lassen.

Demgegenüber, das hatte ich oben bereits festgestellt, kann unter die im Römerbrief beschriebene Perversion eine homosexuelle Beziehung wohl nicht subsumiert werden. Zwar wird homosexuell empfindenden Menschen häufig schlichtweg fehlende Selbstbeherrschung vorgeworfen, diese Betrachtung geht – auch das ist hinlänglich beschrieben – aber weit an jedenfalls meinem Wunsch nach Partnerschaft vorbei. Weil es für den heterosexuell empfindenden Menschen schlicht nicht nachvollziehbar ist, homosexuell zu empfinden und Sexualität homosexuell auszuleben, wird es als Perversion beurteilt. Für den heterosexuell empfindenden Menschen wäre es auch pervers, wenn er selbst homosexuell leben würde. Gerade hier wird die Fremdheit des Geschehens als emotionales Argument zur Abwertung der sexuellen Orientierung genutzt. Wenn ich als homosexuell empfindende Frau mich für ein heterosexuelles Sexualleben entscheiden würde, wäre ich nicht in der Lage, mich mit diesem Mann geistig und seelisch zu verbinden (körperlich technisch wohl, mal abgesehen vom Lusteffekt, der durchaus eine Rolle spielen dürfte, wenn es darum geht, wie Gott sich Sexualität gedacht hat). Tatsächlich würde ich mit heterosexuellem Verhalten meine Sexualität pervertieren und auch die meines Partners. Das Ziel der Sexualität wäre nicht, eins mit ihm zu werden, sondern gesellschaftlichen, nicht nur angeblich christlichen Normen zu entsprechen. Das führt wiederum nicht unmittelbar dazu, dass mir deshalb homosexuelles Verhalten erlaubt ist, aber es führt dazu, dass ich – sofern sich meine sexuelle Orientierung nicht ändert – auch eine heterosexuelle Beziehung nicht eingehen sollte. Das mag jetzt wie eine erleichternde Entschuldigung klingen, ist es aber nicht. Denn der Ausweg aus der Partnerlosigkeit in eine heterosexuelle Ehe wird in unseren christlichen Gemeinden auch von homosexuell empfindenden Menschen mit erheblichen Leidfolgen für beide Partner immer noch häufig gewählt. Sofern nicht wirklich eine Veränderung des homosexuellen Empfindens stattgefunden hat, ist mir dieser Weg versperrt, da er mir und anderen massiv schadet.

Zwischenfazit

Als begnadigter Sünder stehe ich mit allem, was ich bin, vor Gott, wie jedes meiner Glaubensgeschwister auch. Dass ich in der Zeit nach dem Sündenfall lebe, dass davon mein Leben beeinflusst wird, unterscheidet mich ebenso nicht von anderen. Ich lebe allein aus Gottes Gnade, dem kann ich nichts hinzufügen und ich kann Mangelerscheinungen in meinem Leben nicht durch Taten ausgleichen. Meine Abhängigkeit soll Christus allein und seinem Geist gelten. Im Laufe des Schreibens an diesem Buch erlebe ich eine Fokusveränderung: weg von der Sünde, hin zu Jesus. Im Rahmen meiner anfänglich beschriebenen Glaubenssätze lese ich mit heutigem Blick, dass Sünde in meinem Leben als zu vermeidendes Übel viel Macht hatte.

Ich habe beschrieben, was Sünde mit mir macht, wie sie sich in meinem Leben anfühlt – und lese darin heute eine ungeistliche Schwerpunktsetzung, die an Jesus vorbeigeht und durch die die Sünde in meinem Leben überhöht wird. Die Erkenntnis, allein aus Gnade zu leben, macht mich frei, frei dazu, mich ganz von Jesus abhängig machen zu wollen; frei davon, mein Leben darauf auszurichten, Sünde zu vermeiden. Von Jesus im Grunde meines Seins angenommen zu sein, befreit mich von der Angst vor seinem Wort, vielmehr empfinde ich wachsende Freude und Liebe zu dem, wie Jesus ist und wie er sich mein Leben vorstellt. Jetzt habe ich immer noch nicht herausgefunden, ob das Führen von homosexuellen Beziehungen „erlaubt" ist, aber ich habe herausgefunden, dass diese Fragestellung nicht die Grundlage meines Lebens sein darf und auch nicht muss. Mich nicht dem Urteil anderer unterstellen zu wollen, ist ebenso eine Erkenntnis und Entscheidung, die mich freisetzt. Daneben aber herauszufinden, wie ein ehrlicher Lebensstil – mit oder ohne homosexuelle Beziehung – gegenüber meinen Glaubensgeschwistern aussehen kann, steht noch aus. Tag und Nacht (leider ungelogen und nicht übertrieben) kämpfe ich mit der Fragestellung, ob ich mit meiner Ausarbeitung Gottes Wort missbrauche, verdrehe, mir anmaße, daran nach meinem Belieben herumzuwerkeln. Jeden Tag neu gibt mir Jesus ein Wort, auf das hin ich weiterschreibe. Es fühlt sich an wie Manna, das ich nicht für den nächsten Tag aufbewahren kann. Jesus hat mich vollständig von sich abhängig gemacht und ich bete, dass er all das kaputtschlägt, was nicht von ihm, nicht von seinem Geist gewirkt ist. Denn was wären meine eigenen Gedanken in so weitreichenden Fragen wert, wenn sie vor Gott keinen Bestand haben? Ich habe aber auch erfahren, dass Jesus sich um mein Herz bemüht, dass es sein Interesse ist, was in mir vorgeht. Dabei gebe ich nicht den Ton an, darf aber allen

Schmerz und alles Unverständnis bei ihm ablegen und um seine Barmherzigkeit und Gnade bitten, wo alle anderen mich und mein Verhalten schon abgeschrieben haben.

V. Gesetz ist Gesetz

Für viele mag dies der einfachste Teil sein. Für die Kontra-Homo-Fraktion ist unter Berufung auf das mosaische Gesetz Homosexualität ein Gräuel vor Gott, sozusagen ein Geschmack Gottes, der bis heute grundlegend besteht. Aus Sicht der Pro-Homo-Fraktion ist das mosaische Gesetz nicht mehr anzuwenden und daher inhaltlich ungültig; es macht also keine Aussage für die heutige Fragestellung. Und wieder kann ich mich keiner der beiden Seiten anschließen, sondern muss herausfinden, wie ich mit dem Gesetz Gottes umgehen will, was das Gesetz Gottes und seine Ordnungen eigentlich sind und welche Rolle sie in meinem Leben spielen sollen. Für mich ist es der schwerste Teil dieser Ausarbeitung.

Als Jurist geht man einen Weg vom nichts ahnenden Erstsemester hin zum Volljuristen. Am Anfang steht „Gesetz ist Gesetz“ – nach ein paar Jahren Berufserfahrung weiß man, dass Gesetz zwar Gesetz ist, aber nicht gleich Gesetz ist. Verwirrend? Es ist eine Frage des Sachverhalts, ob ein Gesetz Anwendung findet. Gesetze sind starr. Sachverhalte sind hingegen so vielfältig wie das Leben selbst und ohne den Sachverhalt richtig und vollständig erfasst zu haben, ist die Anwendung eines Gesetzes darauf schlicht nutzlos. Dann kommt es immer zu einer Fehlbewertung. Der Gesetzgeber ist bemüht, Gesetze so zu gestalten, dass die darunterfallenden Lebenssachverhalte möglichst umfänglich erfasst werden. Je komplizierter die Welt wird, desto schwerer gelingt das. Beschäftigt man sich mit der Entstehungsgeschichte unseres Grundgesetzes nach dem Zweiten Weltkrieg, kommt man nicht um die Feststellung herum, dass um jedes (!) Wort gerungen und gestritten worden ist. Ein einzelnes Wort an dieser oder lieber an einer anderen Stelle in einem Gesetzestext kann dessen Bedeutung und Anwendung vollständig verändern. Ich bin dazu ausgebildet worden, Gesetze zu analysieren – das unterscheidet mich maßgeblich von meinen Mandanten. Der Mandant sieht seine Geschichte und fühlt sich im Recht – meist aus emotionalen oder wirtschaftlichen Gründen. Da wird Recht subjektiv. Sinn des Gesetzes ist jedoch gerade eine Objektivierung subjektiver Sachverhalte. Gerechtigkeit soll dadurch entstehen, dass Vergleichbares gleich beurteilt wird, nicht Vergleichbares aber unterschiedlich. Dazu habe ich den Haustyrannen-Fall schon aufgeführt.

Die Analyse menschlicher Gesetze und des Gesetzes Gottes dürfte aber bereits darin eine Abweichung finden, dass der Gesetzgeber so unterschiedlich ist. Unter diesem Aspekt habe ich lange mit mir gerungen, ob ich diese Betrachtung hier überhaupt machen darf, denn für das Wort Gottes bin ich als Jurist nicht zugelassen.

> „Du bleibst im Recht, Herr, wenn ich mit dir einen Rechtsstreit führe. Dennoch möchte ich meine Rechtssachen mit dir bereden." (Jeremia 12,1)

Dies ist eines meiner Mannabrote in dieser Zeit. Genauso geht es mir. Dankbar darüber, dass Jesus mit sich reden lässt, dass ich meine Rechtssachen mit ihm diskutieren darf, kann ich mich an das Gesetz Gottes heranwagen.

Was geht es mich an?

Es gehört wohl mit zu den umstrittensten Themen, wie sich Gesetz und Gnade zueinander verhalten, welcher Schwerpunkt auf unser Tun, welcher auf unsere Begnadigung zu legen ist. An dieser Fragestellung spalten sich häufig die Umgangsformen, die wir Christen untereinander pflegen. Insbesondere für unser Gegenüber sehen wir das Gesetz nach wie vor im Vordergrund, ziehen es zur Verurteilung des Verhaltens anderer heran. Das gilt besonders für den Bereich sogenannter Tabu-Themen. Je mehr ich mich damit beschäftige, desto mehr wird es für mich zum Geheimnis, wie sich die Erfüllung des Gesetzes durch Jesus vollzogen und welche Auswirkungen das auf mein Leben hat.

> „Indem Christus für euch starb, wurde an seinem Leib das Urteil vollzogen, das sich aufgrund des Gesetzes gegen euch richtete. Damit aber seid ihr dem Gesetz gegenüber tot, sodass ihr jetzt einem anderen gehören könnt, dem, der von den Toten auferstanden ist. Und das bedeutet: Jetzt kann unser Leben für Gott fruchtbar werden. Denn als unser Leben noch von unserer eigenen Natur bestimmt war, wirkten sich in allem, was wir taten, die sündigen Leidenschaften aus, die vom Gesetz geweckt wurden. Und die einzige Frucht, die das brachte, war der Tod. Jetzt aber, wo wir dem Gesetz gegenüber gestorben sind, das uns gefangen hielt, unterste-

> hen wir ihm nicht länger. Wir stehen jetzt im Dienst einer neuen Ordnung, der des Geistes, und unterstehen nicht mehr der alten Ordnung, die vom Buchstaben des Gesetzes bestimmt war." (Römer 7,4–6)

Paulus unterscheidet hier zwischen dem Gesetz, der alten Ordnung, die vom Buchstaben des Gesetzes bestimmt war, und der neuen Ordnung des Geistes. Das Gesetz diente laut Paulus lediglich dazu zu erkennen, was Sünde ist.

> „Welchen Schluss sollen wir nun daraus ziehen? Ist das Gesetz denn im Grunde genommen Sünde? Niemals! Aber ohne das Gesetz hätte ich nicht erkannt, was Sünde ist. Ich hätte nicht begriffen, was Begierde ist, wenn das Gesetz nicht sagen würde: ‚Gib der Begierde keinen Raum!'" (Römer 7,7)

Auf der einen Seite negiert Paulus also die Anwendbarkeit des Gesetzes für uns Christen, auf der anderen Seite schreibt er ihm die Funktion der Sündendefinition zu. Paulus stellt einen gesetzlosen Zustand dem Zustand gegenüber, in dem das Gesetz zur Unterscheidung dient. Er benutzt dazu das Beispiel der Begierde. Seiner Aussage nach hätte er ohne das Gesetz die Begierde nicht als Sünde begreifen können. Er führt dann weiter aus, dass aber das Gesetz ihn auch erst zur Sünde verleitet.

> „Die Sünde ergriff die Gelegenheit und weckte in mir durch das Verbot jede nur denkbare Begierde. Ohne das Gesetz ist also die Sünde tot. Ich dagegen war am Leben, solange ich das Gesetz nicht kannte. Doch als dann das Gesetz mit seinen Forderungen an mich herantrat, war es umgekehrt: Jetzt war es die Sünde, die zum Leben erwachte, ich aber

starb. Ich musste feststellen, dass das Gesetz, das dazu bestimmt war, mir das Leben zu bringen, mir den Tod brachte. Denn die Sünde ergriff die Gelegenheit, die sich ihr durch das Gesetz bot: Zuerst benutzte sie es, um mich zu betrügen, und dann, um mich zu töten." (Römer 7,8–11)

Was für ein steiler Text. Was Paulus hier beschreibt, würde zu Ende gedacht dazu führen, dass Gottes Gesetz mich zur Sünde verleitet, ja, dass die Sünde sich auf das Gesetz stürzt, mich verführt und erst dadurch überhaupt Geltung erlangt.

Wie verstehe ich das mit Blick auf das Wesen der Sünde? Die Ursünde besteht darin, sein zu wollen wie Gott, mich ihm in der Erkenntnis von Gut und Böse gleich zu machen und letztendlich mich selbst zu erlösen, ohne Gott dafür in Anspruch nehmen zu müssen. Das Gesetz beschränkt nun meine Lebensideen einerseits, da es ein bestimmtes Handeln verbietet und ein anderes gebietet – beides mag mir nicht passen. Andererseits aber lockt es mich, durch Erfüllung aller Vorschriften selbst wieder gut dazustehen, mir auf die Schulter klopfen und mich besonders fromm und folgsam fühlen zu können. Letzteres bewirkt in mir eine Überheblichkeit gegenüber Gott und anderen Menschen. Das Gesetz wird von der Sünde also für ihr ureigenstes Ziel, mich selbst zu erlösen und Gott gleich zu machen, missbraucht. Die Sünde und auch das Gesetz führen mich damit immer um Gott herum, aber nie zu ihm hin.

Nun könnte man Paulus' Ansatz so verstehen, das Gesetz in mein Sichtfeld miteinzubeziehen, aber nicht zuzulassen, dass es mein Fokus wird und mir Handlungsvorgaben macht. Denn als Christ bin ich nicht mehr dem Gesetz unterworfen, sondern der neuen Ordnung des Heiligen Geistes. Das Gesetz kann folglich nach wie vor dazu dienen, mein Verhalten zu überprüfen, es ist aber nie der Maßstab, nach dem mein Tun beurteilt wird. Das ist ein sehr schmaler Grat und das mag der Grund dafür sein, warum wir Christen so gerne ins Gesetz zurückgehen und sogar neue Gesetze aufstellen, anstatt uns auf den Heiligen Geist vollständig einzulassen, der eben weht, wo er will. Und wieder meldet sich in mir sofort eine Stimme, dass ja wohl nicht alles beliebig sein könne. Noch einmal: Der Geist Gottes weht, wo er will. Es ist der Heilige Geist und nicht meine Laune oder meine eigenen Wünsche, die wehen können, wo sie wollen. In Abhängigkeit vom Geist Gottes werde ich quasi mitgeweht. Das ist nicht gerade das, wonach sich unsere nach Beständigkeit und Gewissheit hechelnde Menschlichkeit sehnt.

> „Der Wind weht, wo er will. Du hörst zwar sein Rauschen, aber woher er kommt und wohin er geht, weißt du nicht. So ist es bei jedem, der aus dem Geist geboren ist." (Johannes 3,8)

Jesus sagt diese Worte zu Nikodemus, einem Gesetzeslehrer/Pharisäer, einem führenden Mann der Israeliten. Ein Mann, der geistliche Lebenserfahrung und Überzeugungen hatte und der tief im mosaischen Gesetz verankert war. Nikodemus hat auf der Schrift gegründete Prinzipien und findet sich plötzlich mit Jesus in einem Gespräch darüber wieder, ob ein Mensch in den Leib seiner Mutter zurückkriechen könne, um neu geboren zu werden. Nikodemus ist nicht etwa geistig schlicht, dass er diese Frage stellt. Er hat in seiner geistlichen Gesetzesgrundlage nur keinerlei Handwerkszeug, um Jesu Worte, dass ein Mensch neu geboren werden müsse, zu verarbeiten. An keiner Stelle seiner religiösen Biografie kann er diese Worte einordnen und das führt ihn zu dieser Rückfrage, die lächerlich wirkt, denn die Antwort darauf dürfte Nikodemus klar gewesen sein. Er zeigt gegenüber Jesus also auf, dass dessen Aussage über die Neugeburt keinerlei Grundlage im mosaischen Gesetz und auch nicht in der Nikodemus bekannten natürlichen Ordnung findet. Es ist so fernab von dem, was ihm bekannt ist, dass er Jesus eine rhetorische Frage über die Rückabwicklung von Geburtsvorgängen entgegenhält. Und diese Frage beantwortet Jesus mit einer Beschreibung des Heiligen Geistes: Er weht, wo er will. Du kannst ihn nicht fassen. Aber auch das bringt in Nikodemus nur Verwirrung hervor: Wie kann das geschehen? Nikodemus will begreifen, was Jesus sagt, und doch bleibt es ihm verborgen, weil er es kognitiv erfassen und beurteilen möchte. Er will wissen, ob Jesus richtig oder falsch liegt, und Jesus lässt ihn prüfen und bringt in diesem Gespräch eine der für uns heute zentralen Aussagen des Evangeliums:

> „Denn Gott hat der Welt seine Liebe dadurch gezeigt, dass er seinen einzigen Sohn für sie hergab, damit jeder, der an ihn glaubt, das ewige Leben hat und nicht verloren geht. Gott hat seinen Sohn nicht in die Welt gesandt, um sie zu verurteilen, sondern um sie durch ihn zu retten. Wer an ihn glaubt, wird nicht verurteilt. Wer aber nicht glaubt, ist damit schon verurteilt; denn der, an dessen Namen er nicht geglaubt hat, ist Gottes eigener Sohn. So vollzieht sich das Gericht an den Menschen." (Johannes 3,16–19a)

Hier wird mit einem Gesetzeslehrer diskutiert, mit jemandem, dem Gottes Wille elementar wichtig ist – ihm wird nun gesagt, dass Gott die Menschen nicht durch das Befolgen des Gesetzes, sondern durch Glauben an ihn retten will und wird; dass Jesus nicht gekommen ist, uns zu verurteilen, sondern im Glauben zu sich zu ziehen. Das ist für Nikodemus absolutes Neuland. Sein Denken war auf Gesetz und Urteil ausgerichtet, so wie es das Gesetz auch mit mannigfachen Strafandrohungen lehrt.

Jetzt ist auf einmal von Gerechtigkeit durch Glaube die Rede, nicht durch das Gesetz – unfassbar.

Paulus führt weiter aus, dass das Gesetz heilig ist, seine Forderungen gerecht und gut sind. Durch das Gesetz wird die Schlechtigkeit der Sünde offenbart, da sie mich aufgrund des Gesetzes in den Tod reißt (Römer 7,11). Daneben steht die Aussage Jesu, dass er selbst das Gesetz erfüllt hat.

> „Denkt nicht, ich sei gekommen, um das Gesetz oder die Propheten außer Kraft zu setzen. Ich bin nicht gekommen, um außer Kraft zu setzen, sondern um zu erfüllen." (Matthäus 5,17)

Ist damit die Befolgung des Gesetzes obsolet geworden? Jesus bezieht sich auch auf das Gesetz, belebt es jedoch nicht wieder neu, sondern nutzt es als Anknüpfungspunkt für seine Zuhörer. Er führt uns den Sinn und Zweck einzelner Vorgaben vor Augen. Dazu zählt er eine ganze Palette von Vorschriften auf, die er dann noch konkretisiert – sein Ziel ist eine dem Reich Gottes dienende Vollkommenheit:

> „Ihr wisst, dass es heißt: ‚Du sollst deine Mitmenschen lieben, und du sollst deine Feinde hassen.' Ich aber sage euch: Liebt eure Feinde, und betet für die, die euch verfolgen. Damit erweist ihr euch als Söhne eures Vaters im Himmel. Denn er lässt seine Sonne über Bösen und Guten aufgehen und lässt es regnen für Gerechte und Ungerechte. Wenn ihr nur die liebt, die euch Liebe erweisen, was für einen Lohn habt ihr dafür zu erwarten? Tun das nicht sogar Leute wie die Zolleinnehmer? Und wenn ihr nur zu euren Brüdern freundlich seid, was tut ihr damit Besonderes? Tun

das nicht sogar die Heiden, die Gott nicht kennen? Ihr aber sollt vollkommen sein, wie euer Vater im Himmel vollkommen ist." (Matthäus 5,43–48)

Hier ist in Abgrenzung zum alten Gesetz die neue Ordnung des Geistes erkennbar – denn nichts von dem, was Jesus dort verlangt, lässt sich durch menschliches Bemühen auf Dauer erreichen. Wir sind auch unter höchstem Aufwand kaum in der Lage, die Gesetze des Alten Testaments zu erfüllen. Nun sagt Jesus, dass das auch nicht unsere Aufgabe ist, vielmehr sollen wir durch den Geist Gottes dazu befähigt werden, einer göttlichen Ordnung zu folgen, die übermenschlich ist, bei der wir für jeden Schritt Gottes Kraft und die Verbindung zu ihm benötigen und deren Ziel es ist, vollkommen zu sein in Gottes Augen.

Die göttliche Ordnung, die Jesus hier vorstellt, besteht darin, den Sinn eines Gesetzes zu hinterfragen und diesen sodann zu potenzieren. Jesus bearbeitet in juristischer Akribie die jeweilige Vorschrift und stellt ihren Sinn und Zweck in den Vordergrund. Unsere Feinde sollen wir nicht etwa lieben, weil Jesus es gesagt hat, sondern weil es Gottes Wesen entspricht, der es selbst über die Ungerechten regnen lässt. Wir sollen die Ordnungen auch verstehen, Gottes Wesen darin erkennen und sie annehmen, um Jesus immer ähnlicher zu werden – nicht, weil es nun mal irgendwo geschrieben steht, dass man so oder so tun sollte. Verlangt Gott denn keinen blinden und kopflosen Gehorsam? Wenn ich durch die Bibel streife, komme ich zwar schon zu der Annahme, dass Gott auch in Dingen Gehorsam erwartet, die wir nicht verstehen oder die in unseren Augen absurd sind. Aber er hat sich und seine Absichten doch meistens offenbart und erklärt, was seine Ziele sind. Nicht dass wir seine Wege und Gedanken verstehen würden, aber er will sich uns insbesondere durch Jesus selbst zeigen und, soweit es für unsere kleinen Gehirne und engen Herzen möglich ist, uns verständlich machen, wie er ist. Das ist nicht die Forderung nach blindem Gehorsam, sondern ein Ausdruck seines Beziehungswunsches zu uns. Jesus unterstreicht: „Ihr seid meine Freunde, wenn ihr tut, was ich euch gebiete. Ich nenne euch Freunde und nicht mehr Diener. Denn ein Diener weiß nicht, was sein Herr tut; ich aber habe euch alles mitgeteilt, was ich von meinem Vater gehört habe." (Johannes 15,14–15) Gott will sich uns zeigen, er hat sich uns gezeigt: Immanuel bedeutet „Gott mit uns". Wir sollen und dürfen versuchen, ihn und seine Absichten zu verstehen, denn nur dann wird unser Herz ergriffen und verändert. Und wenn wir Dinge nicht verstehen, dürfen wir doch darauf vertrauen, dass Gottes Handeln nicht willkürlich, sondern von Liebe getrieben ist. An diesen Stellen fängt Glaube an – auch über meine Tabus hinaus.

Die neue Ordnung durch den Heiligen Geist bedeutet also, dass Gottes Wesen in mir erkennbar werden soll. Das Gesetz ist somit nicht mehr Gesetz aus Buchstaben, sondern das Wesen Gottes durch den Heiligen Geist, der mich nach und nach zu seinem Bild verändern will.

> „Gott selbst ist ja in euch am Werk und macht euch nicht nur bereit, sondern auch fähig, das zu tun, was ihm gefällt." (Philipper 2,13)

Diese Ordnung steht damit nicht außerhalb von mir, sondern ist lebendig in mir durch den Glauben. Das folgert auch Paulus, nachdem er sich zu Beginn des Römerbriefes diejenigen zur Brust genommen hat, die andere verurteilen.

„Setzen wir nun dadurch, dass wir alles vom Glauben abhängig machen, das Gesetz außer Kraft? Keineswegs! Das Gegenteil ist der Fall: Wir bringen das Gesetz dadurch erst richtig zur Geltung." (Römer 3,31)

Jesus ist gekommen, um die Werke des Teufels zu zerstören (1. Johannes 3,8b). Das Werk des Teufels ist es, mich auf das Gesetz zu werfen, mein Verhalten daran zu messen und mich dann zu verurteilen. Jesus setzt dem seine eigene Heiligkeit und Reinheit entgegen, an ihm hat der Teufel nichts zu messen, nichts zu verurteilen. Nur Jesus konnte dieses Ansinnen des Teufels ins Gegenteil verkehren und damit die Sünde schachmatt setzen, weil sie sich an ihm nicht manifestieren konnte. Lebt Jesus also in mir, bin ich für die Sünde tot, nicht mehr existent, ihre Versuche, mich am Gesetz zu messen, müssen scheitern.

„Dasselbe gilt darum auch für euch: Geht von der Tatsache aus, dass ihr für die Sünde tot seid, aber in Jesus Christus für Gott lebt." (Römer 6,11)

Die Eins-zu-eins-Anwendung des Gesetzes kommt also nicht mehr in Betracht. Vielmehr stellt sich die Frage, was Inhalt der neuen Ordnung ist, welche Gesetze Jesus dem Sinn nach verschärft und auf welcher Grundlage die Verschärfung stattfindet. Wer uns homosexuell empfindenden Menschen ohne jede Differenzierung so gerne an den Kopf wirft, dass wir oder zumindest, das, was wir tun, Gott ein Gräuel ist, tut das, was die Sünde tut: den Buchstaben des Gesetzes zur Verurteilung von Menschen nutzen.

Im Galaterbrief gibt Paulus erneut deutlich zu verstehen, welche Gefahr die Befolgung des Gesetzes bedeutet:

> „Diejenigen hingegen, die ihre Hoffnung auf das Einhalten von Gesetzesvorschriften setzen, stehen unter einem Fluch. Denn es heißt in der Schrift: ‚Verflucht ist jeder, der sich nicht ständig an alles hält, was im Buch des Gesetzes steht, und der nicht alle seine Vorschriften befolgt.' Und an einer anderen Stelle heißt es: ‚Der Gerechte wird leben, weil er glaubt.' Daraus geht klar hervor, dass niemand, der sich auf das Gesetz verlässt, vor Gott gerecht dastehen kann. Denn beim Gesetz zählt nicht der Glaube; hier geht es vielmehr nach dem Grundsatz: ‚Leben wird der, der die Vorschriften des Gesetzes befolgt.' Christus nun hat uns vom Fluch des Gesetzes losgekauft, indem er an unserer Stelle den Fluch getragen hat. Denn – so sagt die Schrift – ‚verflucht ist jeder, der am Pfahl endet'. Durch Jesus Christus bekommen jetzt also Menschen aus allen Völkern Anteil an dem Segen, den Gott Abraham zugesagt hatte; aufgrund des Glaubens erhalten wir den Geist, den Gott versprochen hat." (Galater 3,10–14)

Wir tun oft so, als sei es wenigstens der sicherste Weg, das alte Gesetz jedenfalls in Einzelteilen zu befolgen. Ob bewusst oder unwissentlich: Wir stellen uns damit unter den Fluch des Gesetzes. Das ist nicht Pillepalle und „Gott wird das schon verstehen". Wir machen damit für unser Leben Jesu Erlösungstat geradezu ungültig, behaupten, dass wir anstatt ihm zu glauben, uns doch noch bemühen müssten, gesetzlichen Vorgaben zu genügen – aus Sicherheitsgründen. Selbsterlösung. Paulus beschreibt das Gesetz als unseren Aufseher bis zu dem Zeitpunkt, als mit Jesus die Gerechtigkeit durch Glauben kam. Die Aufgabe des Gesetzes war befristet und diese Frist ist abgelaufen (Galater 3,21–24). Wer sich nach Fristablauf auf einen Umstand beruft, der der Frist unterworfen war, kann damit nicht mehr gehört werden. Es hat in der Beurteilung keine Bedeutung mehr, das Gericht darf das verspätete Vorbringen nicht mehr berücksichtigen. Sich im Gericht Gottes auf das Gesetz und dessen Befolgung zu berufen, ist damit zum Scheitern verurteilt. Es gilt eine neue Ordnung.

Gottes Geschmack

Im Augenwinkel das mosaische Gesetz zu betrachten und es dann in Jesu Sinn zu bewerten bzw. in die neue Ordnung des Geistes Gottes einzupflegen, ist ziemlich riskant. Wenn der Geist Gottes weht, wo er will, werde ich ihn kaum einfangen und festlegen können. Ich darf also nicht ein neues Gesetz aus dem alten machen, wenn Jesus das Gesetz erfüllt hat und meine Gerechtigkeit nur noch aus dem Glauben hervorkommt. Die vermeintliche Sehnsucht nach Sicherheit gebenden Verhaltensregeln wird wohl unerfüllt bleiben, denn auch sie ist wieder das Locken der Sünde, mich doch selbst zu erlösen. All mein Bemühen, nicht homosexuell zu empfinden, und der Ausstieg aus Partnerschaft allein aus geistlichen Gründen waren Akte der versuchten Selbsterlösung, die mir nie Frieden gebracht haben. Nicht mit Gott und nicht mit mir selbst. Kurzfristig habe ich immer eine Befriedung der in mir tosenden Kämpfe erlebt, einen Spannungsabfall. Ich war überzeugt, Gottes Willen umgesetzt und auf sein Wort hin gehandelt zu haben. Damit meinte ich Gott von der Ernsthaftigkeit meines Glaubens überzeugen zu können. Aber der nächste Sturm war nie weit entfernt.

Bleibt die Frage danach, wie Gottes Wesen ist, das er selbst durch seinen Geist in mir hervorbringen möchte. Was hätte Jesus aus den Vorschriften über Homosexualität in 3. Mose gemacht, wenn er es für nötig gehalten hätte, sie im Rahmen seiner Bergpredigt zu modifizieren, wie er es mit anderen Vorschriften beispielsweise zur Ehe gemacht hat?

> „Ihr wisst, dass es heißt: ‚Du sollst nicht die Ehe brechen!' Ich aber sage euch: Jeder, der eine Frau mit begehrlichem Blick ansieht, hat damit in seinem Herzen schon Ehebruch mit ihr begangen." (Matthäus 5,27–28)

Was macht Jesus hier rein technisch? Aus den Zehn Geboten bezieht er sich auf das Verbot des Ehebruchs. Nun definiert Jesus, dass Ehebruch nicht erst bei Auseinanderbrechen der Ehe und dem dazu führenden Tun entsteht, sondern viel früher im Begehren einer (anderen) Frau beginnt. Jesus lässt hier im Übrigen offen, ob das nicht auch für den unverheirateten Mann gilt, der eine verheiratete Frau begehrt. Dem Wortlaut nach wäre auch das Ehebruch. Warum hielt Jesus es für erforderlich, den Ehebruch zu definieren? An anderer Stelle zum Thema Ehebruch spricht er von der Hartherzigkeit der Menschen. Diese ist darauf gerichtet, sich selbst am Gesetz Gottes vorbeizulavieren und im Ergebnis zu tun, was sie begehrt. Jesus warnt also davor, dass Gesetz austricksen zu wollen, denn damit suchen wir gerade nicht nach dem Willen Gottes, sondern versuchen ihn durch vermeintliche Schläue zu umgehen. Als könnten wir im Gericht Gott gegenüber unsere eigene Verteidigung mit den Worten „das steht da aber nicht" erfolgreich führen. Oben habe ich bereits herausgearbeitet, dass Sexualität nicht zur kurzfristigen Befriedigung gedacht ist. Die Ehe, als gesellschaftlicher Rahmen für verbindliche, dauerhafte, partnerschaftliche Beziehung, muss also diesen Grundgedanken der Sexualität mittragen. Ist die Eheführung und -beendigung meiner eigenen emotionalen Launenhaftigkeit unterworfen, ist ihr Bestand ständig gefährdet und sie wird in ihrem ureigenen Ziel konterkariert. Damit arbeitet Jesus den Gedanken Gottes zu Sexualität und Partnerschaft heraus und zeigt diesen als Ziel Gottes auf. Gottes Wesen selbst ist nicht sprunghaft und von Begehrlichkeiten getrieben, sondern in sich stabil. Gott hält seine Versprechen und ist treu. So sollen wir uns dann auch verhalten.

Ob Jesus hier nur die Vorschriften modifiziert hat, die ihm wichtig waren, oder ist seine Aufzählung beispielhaft? Bei Ersterem käme ich zu dem Schluss, dass er die Vorschrift aus 3. Mose nicht erwähnenswert fand und sie damit keine Bedeutung mehr hat. Zweiteres führt mich dazu, dass ich auch für die Vorschrift in 3. Mose über das Wesen Gottes dahinter nachdenken muss.

> „Und bei einem Mann sollst du nicht liegen, wie man bei einer Frau liegt: Ein Gräuel ist es." (3. Mose 18,22)

> „Und wenn ein Mann bei einem Mann liegt, wie man bei einer Frau liegt, dann haben beide einen Gräuel verübt. Sie müssen getötet werden; ihr Blut ist auf ihnen." (3. Mose 20,13)

Auslegung nach dem Wortlaut

Nun denn, Gesetzesauslegung ist mein täglich Brot. Zuerst schauen wir immer auf den Wortlaut. Der Auslegung dem Wortlaut nach geht natürlich grundsätzlich die Frage der Anwendbarkeit des Gesetzes überhaupt voraus. Das habe ich oben erläutert und auch, warum ich die Anwendbarkeit als Gesetz ablehne, das Verständnis des Gesetzes aber für erforderlich halte. Was genau steht da nun dem Wortlaut nach? Ja, das wirft mich auf den Buchstaben des Gesetzes zurück, für den Umgang Jesu mit dem Gesetz muss ich jedoch genau betrachten, wie er mit welcher Vorschrift konkret umgegangen ist. Hinsichtlich des Ehebruchs hat er den Wortlaut nicht angetastet, sondern Ehebruch, wie gesagt, definiert. Das Verbot homosexuellen Verkehrs ist dem Wortlaut nach nur an Männer gerichtet, damit wäre ich an dieser Stelle bereits raus. Wenn ich jedoch nur ein Fünkchen geistlichen Anstands habe, werde ich auch für meine homosexuell empfindenden Brüder hier weiter schreiben müssen. Vielleicht ist hier der homosexuelle Verkehr unter Frauen tatsächlich nicht erfasst – das mag sich also anderweitig als nur aus dem Wortlaut ergeben. Dem Wortlaut nach ist es Gott ein Gräuel, wenn zwei Männer miteinander geschlechtlich verkehren. Hier wird keine Beziehung erwähnt oder der Grund, aus dem sie miteinander verkehren. Es wird schlicht unter Todesstrafe gestellt. Gottes Wesen hinter dieser Vorschrift zu erkennen, ist nicht einfach. Das Einzige, was hier angenommen werden könnte, ist, dass homosexueller Verkehr gegen Gottes Geschmack ist. Gräuel wird heute im Zusammenhang mit Homosexualität oft als Ekel übersetzt, dass Gott sich also vor homosexuellem Verkehr ekelt. Es mag in dieser Übersetzung des Wortes Gräuel viel menschliches Empfinden drinliegen, denn an anderer Stelle lässt sich diese Übersetzung so nicht bestätigen:

> „Da sagte er zu ihnen: ‚Vor den Menschen erweckt ihr den Eindruck, ein gottgefälliges Leben zu führen; aber Gott kennt euer Herz. Was in den Augen der Menschen groß ist, das ist Gott ein Gräuel.'" (Lukas 16,15)

Jesus ist hier wieder im Gespräch mit den Pharisäern und es geht um Geld. Und wieder geht Jesus auf ihre Herzenshaltung ein – einen Vers vorher heißt es, dass sie am Geld hingen. Was ist heute in den Augen der Menschen groß? Was ist in unseren christlichen Gemeinden groß und möglicherweise in Gottes Augen ein Gräuel? Sex, Macht und Geld. Ob bei Christen oder Nichtchristen: das sind die Themen nicht nur unserer Zeit. Das ständige Verweisen auf den Zeitgeist, im Guten wie im Bösen, dass dieser für den einen oder den anderen Umgang mit diesen drei Dingen verantwortlich sei, befreit uns nicht von dem, was Sex, Macht und Geld mit uns zu machen imstande sind. In diesen drei Themen haben wir auch unter Christen kaum Freiheit, sondern sind eng geführt. In der Angst vor sündhaftem Verhalten machen wir diese Themen groß in unseren Reihen. An Fragestellungen zur Sexualität insbesondere reiben wir uns in falscher Gottesfurcht gepaart mit seltsamer Neugierde und Selbstkasteiung auf. Dürfen zwei Menschen vor der Ehe Sex haben? Darüber werden ganze Gemeindeversammlungen abgehalten, um sodann ein Gesetz zu beschließen. Und das ist dann etwas Großes, etwas, an das sich alle halten müssen, die im Geiste der Gemeinde handeln wollen. Das ist Gott ein Gräuel. Unser Bemühen, ein gottgefälliges Leben zu führen, ist ihm ein Gräuel. Dinge groß zu machen, die aus seiner Sicht unser Leben nicht beherrschen sollen, die dann aber durch uns selbst zu Herren gemacht werden, widerstrebt seinem Wesen zutiefst.

Der Begriff des Gräuels ist auch nicht etwa ein heiliger göttlicher Begriff, sondern er wird auch an anderen Stellen genutzt und beschreibt dort so etwas wie eine Unsitte.

> „Da trug man für ihn besonders auf und für sie besonders und für die Ägypter, die mit ihm aßen, besonders; denn die Ägypter können nicht mit den Hebräern essen, denn ein Gräuel ist das für Ägypter.“ (1. Mose 43,32)

> „Mose erwiderte: Es ist nicht statthaft, es zu tun; denn wir würden dem HERRN, unserem Gott, opfern, was den Ägyptern ein Gräuel ist. Siehe, wenn wir vor den Augen der Ägypter opferten, was ihnen ein Gräuel ist, würden sie uns dann nicht steinigen?" (2. Mose 8,22)

In diesem Zusammenhang klingt der Begriff des Gräuels wie eine kulturelle gesellschaftliche Norm bzw. der Verstoß gegen diese Norm. Gräuel ist etwas, das die gesellschaftlichen Regeln tief verletzt und was solch ein Gräuel darstellt, kann in Zeit und Gesellschaft weit unterschiedlich sein, es ist so etwas wie ein Verhaltenskodex, der auf Tradition, Religion oder Sitte beruht.

Es geht hier bei dem Gräuelbegriff also nicht um körperlichen Ekel, sondern darum, was Gott für Israel in Abgrenzung zu anderen Völkern als Sittengesetz festlegt. Die Gründe dafür können erst einmal völlig unterschiedlich sein, dem Wortlaut nach ist hier aber festzuhalten, dass homosexueller Verkehr zwischen Männern Gott widerstrebte und von ihm abgelehnt wurde. Dabei bleibt anhand des Wortlautes offen, aus welchem Grund, zu welchem Zweck die Ablehnung erfolgte.

Systematische Auslegung

Im Rahmen der systematischen Auslegung prüfe ich den Zusammenhang von Gesetzesvorschriften. In welcher Beziehung steht die einzelne Vorschrift zu ihrem gesetzlichen Umfeld und wird sie noch an anderer Stelle und wenn ja in welchem Zusammenhang dort zitiert. Obwohl man meinen könnte, dass diese Fragestellung hinsichtlich der betroffenen Bibelstellen ausgeschrieben ist, beruft sich die Kontra-Homo-Fraktion immer noch auf diese Vorschriften und hält sie hoch als geltendes

Gesetz. Es bleibt mir also nichts anderes übrig, als hier die Systematik selbst zu prüfen.

3. Mose 18,22

Ausgangspunkt ist eine Präambel, die Gott dem Vorschriftenkanon voranstellt:

> „Ich bin der HERR, euer Gott. Nach der Weise des Landes Ägypten, in dem ihr gewohnt habt, sollt ihr nicht tun; und nach der Weise des Landes Kanaan, wohin ich euch bringe, sollt ihr nicht tun; und in ihren Ordnungen sollt ihr nicht leben." (3. Mose 18,2–3)

Erst einmal stellt Gott seine Gesetzgebungskompetenz in den Vordergrund. Auch für uns Christen gilt, dass Gottes Vorgaben und Weisungen denen der „Welt" vorgehen. Wir sollen Gott mehr gehorchen als den Menschen (Apostelgeschichte 5,10), denn er ist es, der uns nachher in Wahrheit und Gerechtigkeit richtet. In diesem Zusammenhang grenzt Gott seine Ordnungen von den Ordnungen der Völker ab, aus denen Israel kommt (Ägypten) und in die es ziehen soll (Kanaan). Alles, was dann folgt, soll Israel in Abgrenzung zu dem, was in Ägypten und Kanaan Usus ist, nicht tun. Es wird sodann ein Katalog von sexuellen Verbindungen aufgezählt, die Gott allesamt als Gräuel bezeichnet – auch der sexuelle Verkehr zwischen zwei Männern gehört dazu, ist aber nur eines von vielen Gräueln. Konkret geht es in der Liste in 3. Mose 18,6 ff. um:

Sex und/oder Eingehen einer ehelichen Verbindung mit

- Blutsverwandten,
- dem Vater oder der Mutter,
- der Frau des Vaters = der Stiefmutter,

- der Schwester,
- der Enkeltochter,
- der Halbschwester,
- der Tante väterlicherseits,
- der Tante mütterlicherseits,
- der Frau des Onkels väterlicherseits,
- der Schwiegertochter,
- der Schwägerin,
- einer Frau und ihrer Tochter, der Tochter ihres Sohnes und der Tochter ihrer Tochter,
- der Schwester der Ehefrau,
- einer menstruierenden Frau,
- der Frau des Nächsten.

Opfern von Nachkommen an den Gott Moloch.

Liegen bei
- einem Mann, wie man bei einer Frau liegt,
- bei einem Tier (gilt für Männer und Frauen).

Über all diese Verbindungen spricht das Gesetz das Urteil, dass diese Gott ein Gräuel sind unter der Prämisse, dass sie in Ägypten und Kanaan wohl an der Tagesordnung waren. Heute würden wir auch in christlichen Gemeinden diese Vorschriften sicherlich nicht mehr alle als gottgewollt betrachten – die Heirat der Schwägerin beispielsweise dürfte nach dem Tod des Bruders durchaus in Betracht kommen und sie wurde sowohl im Alten als auch im Neuen Testament immer wieder praktiziert. Onan, der dazu aufgefordert wird, seine Schwägerin zu ehelichen, um für den verstorbenen Bruder Kinder zu zeugen, wird von Gott nicht für diese Ehe, sondern für seine Weigerung, Kinder zu zeugen, bestraft (1. Mose 38,8–10). Onan lebte vor der

Gesetzgebung, mag man argumentieren. Wenn ich aber hier herausfinden will, ob ein Gesetz Gottes Wesen widerspiegelt, muss ich schauen, wie an anderer Stelle, an der Gott längst Einfluss hatte, damit umgegangen wird. Im Fall von Onan war das Eingehen der Schwagerehe also nicht das Problem. Auch im Neuen Testament wird die Schwagerehe durch die Sadduzäer gegenüber Jesus aufgegriffen. Diese zielen auf die Frage ab, mit welchem der sieben Brüder, mit denen eine fiktive Frau nacheinander verheiratet war, sie nun im Himmel verheiratet sei (Markus 12,18–27). Jesus antwortet darauf nicht mit der Gesetzesvorschrift aus dem 3. Buch Mose. Die Sadduzäer scheinen ein alltägliches Beispiel zu erzählen und Jesus nur hinsichtlich der Frage nach dem Himmel prüfen zu wollen. Auch zu Jesu Zeiten nach der Gesetzgebung scheint diese Vorschrift keine Bedeutung mehr im geistlichen Sinne gehabt zu haben.

Aufgrund der systematischen Einordnung käme ich hier also zu dem Ergebnis, dass die Bewertung der einzelnen Verbote sich nicht aus der Vorschrift an sich, sondern aus der Bibel im Übrigen ergeben muss. Für das Verbot homosexuellen Verkehrs muss hier folglich das Gleiche gelten. Ich spreche nicht davon, dass das Führen homosexueller Beziehungen in der Bibel irgendwo ausdrücklich erlaubt sein müsse, wie es, für mich unverständlich, immer wieder gefordert wird – es stellt sich nur die Frage, ob die Vorschrift über die Geltung des Gesetzes hinaus als Wesenszug Gottes aufrechterhalten wird. Ehebruch, Pädophilie, sexueller Missbrauch und homosexueller Verkehr Heterosexueller werden im Neuen Testament klar gebrandmarkt, homosexuelle Beziehungen finden keine Erwähnung – abgesehen von den neuen Bibelübersetzungen, worauf ich schon Bezug genommen habe.

Meine These ist: Wenn tatsächlich das Führen homosexueller Beziehungen es unmöglich machen sollte, ins Reich

Gottes zu gelangen, wenn daran der Kreuzestod Jesu nicht vorbeikommt, wenn der Heilige Geist auf einen homosexuell lebenden Menschen keinerlei Einfluss haben kann, wenn er diesen nicht so treiben kann, wie er will, hätten Jesus und spätestens Paulus das nicht thematisiert? Es betrifft nur eine kleine Prozentzahl an Menschen, die sich nicht erhöht, sondern, so weit die Statistiken reichen, stabil bleibt. Da Jesus eine Schwäche für Minderheiten hat, ist es unwahrscheinlich, dass es ihm gleich war, ob die paar Homosexuellen nun mit ihm in Ewigkeit leben können oder nicht.

Im Ergebnis wird die Stelle aus 3. Mose 18 im Verlauf der Bibel, insbesondere im Neuen Testament nicht wiederholt oder vertieft. Vergleichbare Vorschriften, die im gleichen Zusammenhang stehen, werden von Jesus sogar auf Vorhalt nicht weiter beachtet. So irritiert auch das Verbot, Sex mit einer menstruierenden Frau zu haben. Die Menstruation dürfte als biologische Fruchtbarkeitsvoraussetzung schöpfungskonform sein. Es erschließt sich aus dem Schöpfungsbericht und aus dem Zeitraum bis zur Gesetzgebung an keiner Stelle, warum Geschlechtsverkehr mit einer menstruierenden Frau Gott ein Gräuel sein sollte. Durch das Gesetz macht Gott seine eigene paradiesische Idee zu einem Gräuel, er belegt eine menstruierende Frau mit dem Urteil der Unreinheit (nicht besser ergeht es den Männern, die nächtliche Samenergüsse erleben, 3. Mose 15,16). Im Neuen Testament lässt sich Jesus von einer dauerhaft blutenden und damit nach dem Gesetz unreinen Frau (3. Mose 15,19) berühren und heilt sie von ihrer Last. Wofür das Gesetz neun Verse zum Verbieten braucht, dafür braucht Matthäus zwei zur Erlösung: Zwischen der Klarstellung, dass man neuen Wein nicht in alte Schläuche füllt, und der Auferweckung der Tochter des Jairus widersetzt sich Jesus quasi im Vorbeigehen den gesetzlichen Reinheitsgeboten (Matthäus 9,20–22). Er heilt die Frau aufgrund ihres Glaubens. Da sind die mosaischen Reinheitsvorgaben, die für eine menstruierende Frau erheblich sind, nicht einmal eine Erwähnung wert. Das Verbot, mit einer menstruierenden Frau geschlechtlich zu verkehren, erscheint mir naheliegend auf kultische Fruchtbarkeitsrituale der anderen Völker um Israel herum bezogen zu sein – und es wurde in der Folge mit diversen Reinheitsvorgaben untermauert und abgesichert. Es hatte den Zweck der geistlichen Abgrenzung, einen Zweck, den Jesus mit seinem Lebenswerk erfüllt. Wer sich an ihn hängt, ihn berührt, der grenzt sich hinein in sein Reich geistlich ab und steht für kultischen Götzendienst nicht mehr zur Verfügung, weder durch Sex noch anderweitig. Wo vorher die Abgrenzung durch äußeres Tun erforderlich war, fordert Jesus eine Umkehr der Herzen zu ihm hin. Das mosaische Sittengesetz scheint dabei keine Bedeutung mehr zu haben.

3. Mose 20,13

Nun wäre der Behauptung, dass eine Bestätigung des Verbots homosexuellen Verkehrs unter Männern in der Bibel nicht zu finden sei, die Wiederholung bereits zwei Kapitel später entgegenzuhalten:

> „Und wenn ein Mann bei einem Mann liegt, wie man bei einer Frau liegt, dann haben beide einen Gräuel verübt. Sie müssen getötet werden; ihr Blut ist auf ihnen." (3. Mose 20,13)

Hinsichtlich der systematischen Einordnung diese Verbots kann ich auf das obige vollständig verweisen. Auch im Umfeld dieser Vorschrift stehen diverse Sexualverbote und Verbote des Götzendienstes. Die Sexualverbote decken sich überwiegend, mitunter wörtlich, mit denen aus dem 18. Kapitel. Nähmen wir also an, dass das zweifache Verbot homosexuellen Verkehrs unter Männern eine Verstärkung und Bestätigung des Verbots ist, gälte dieses ebenso für die Schwagerehe (3. Mose 20,21) und die Unreinheit einer menstruierenden Frau (3. Mose 20,18), was wohl nicht der Fall ist. Die Unreinheit der Männer, die sich aus dem nächtlichen Samenerguss ergibt, wird im Übrigen in der ganzen Bibel nicht wieder aufgehoben.

Auffällig ist im 20. noch stärker als im 18. Kapitel der Zusammenhang zwischen Götzendienst und den Sexualverboten. Sie stehen bereits wörtlich in einem unmittelbaren Zusammenhang. In der Literatur wird dazu dargestellt, dass das sexuelle Treiben der umliegenden Völker, konkret auch Ägypten und Kanaan, im Rahmen von Tempelprostitution und Opferritualen keine Grenzen kannte, also eng mit dem Götzendienst verbunden war. So wirkt auch auf mich diese Zusammenstellung der Vorschriften im 20. Kapitel. Es wurde im Umfeld Israels offenbar in der Anbetung von Götzen alles begattet, was nicht bei drei auf den Bäumen war. Der Zusammenhang zwischen Götzendienst und triebgesteuerter regelfreier Sexualität ist hier auch direkt am Bibeltext unverkennbar. Diese Systematik zeigt auf, dass kultische Sexualität von Gott nicht akzeptiert wurde. Es werden sodann Beispiele aufgezählt, an denen das plastisch verdeutlicht wird. Ich würde behaupten, dass diese Aufzählung nicht einmal abschließend ist. Weiter fällt auf, dass sie sich nicht nur hinsichtlich des homosexuellen Verkehrs nur an Männer richtet. Dass dies aber ein Freibrief für Frauen sein sollte, auch im Rahmen von Götzendienst sämtliche sexuellen Rituale zu praktizieren, halte ich für zu weit hergeholt. Die Systematik weist hier eher dahin, dass Sexualität zur Ehre von Götzen von Gott umfänglich abgelehnt wird.

Spiritualität & Glaube

Tina Willms

Momente, die dem Himmel gehören

Ein Jahresbegleiter mit 365 wundervollen Gedanken, Gedichten und Gebeten. Tina Willms ermutigt an jedem Tag des Jahres dazu, die Vielfalt im Glauben zu entdecken, das eigene Leben mit ihm zu gestalten und durch ihn zu wachsen: in kleinen Momenten, die dem Himmel gehören.

gebunden, 462 S.

ISBN 978-3-7615-6784-5

€ 20,00

Manfred Gerke

Wer den Tag mit einem Lächeln beginnt

Diese 365 mutmachenden Geschichten, stets ergänzt mit inspirierenden Glaubensgedanken und Bibelversen, regen zum Nachdenken an und zaubern ein Lächeln ins Gesicht. Historisches und Heutiges, Besonderes und Alltägliches, mit Themen von Kirche über Sport bis Pop-Musik.

gebunden, 388 S.

ISBN 978-3-7615-6751-7

€ 15,00

Dass Götzendienst und (sexuelle) Unordnung auch im neuen Testament noch einen Zusammenhang haben, wird an verschiedenen Stellen deutlich:

> „Ihr habt ja in der Vergangenheit lange genug das getan, wonach Menschen der Sinn steht, die Gott nicht kennen. Ausschweifungen gehörten dazu, das Ausleben eurer Begierden, Alkoholexzesse, Schlemmen und Saufen und abstoßender Götzendienst." (1. Petrus 4,3)

Das „Ausleben eurer Begierden" könnte nun als jede Sexualform interpretiert werden, die nicht in der Ehe zwischen Mann und Frau gelebt wird. Dass es auch in dieser Ehe aber pervertierte Sexualität geben kann, habe ich bereits aufgezeigt. Dass es nicht auch zwischen zwei Menschen gleichen Geschlechts eine Unterordnung der Sexualität unter den Geist Gottes geben kann und damit nicht zwangsläufig ein ungeordnetes Sexualleben einhergeht, ergibt sich aus dem biblischen Befund wiederum nicht. Es wird homosexuell empfindenden Menschen ohne jedes Hinterfragen eine ungeordnete Sexualität, ein triebgesteuerter Lebensstil und ein nur auf die eigenen Begierden bezogenes Verhalten vorgeworfen. Warum wird der homosexuelle Wunsch nach Partnerschaft auf sexuelle Begierde reduziert? Nach welchem Maßstab hält dann der heterosexuelle Wunsch nach Partnerschaft dieser Reduktion stand? Tatsächlich werden auch heute noch Ehen geschlossen, weil die Partner das Verbot des vorehelichen Sexualverkehrs nicht mehr tragen können und deshalb die Ehe eingehen. Oder sie haben das Verbot bereits übertreten und fühlen sich nunmehr verpflichtet, einander zu heiraten. Dass beides denkbar schlechte Voraussetzungen für eine Ehe sind, zeichnet sich ab. Verantwortlich dafür dürften wir als Gemeinden mit unserem Hunger nach Kontrolle, Verboten und Geboten sein, neben unserer Unfähigkeit, wirklich Seel*sorger* zu sein und nicht Gesetzeslehrer und hohes Gericht zugleich. Warum soll jetzt der homosexuelle Wunsch nach Partnerschaft einzig ein Ausdruck körperlicher Begierden und Zügellosigkeit sein?

Die systematische Auslegung der beiden Vorschriften in 3. Mose führt mich auf der Suche nach Gottes Wesen dahinter dahin, dass Gott niemanden neben sich duldet. Er allein soll der Adressat meiner leiblichen und geistlichen Anbetung sein.

> „Denn ich, der HERR, dein Gott, bin ein eifersüchtiger Gott, der die Schuld der Väter heimsucht an den Kindern, an der dritten und vierten Generation von denen, die mich hassen, der aber Gnade erweist an Tausenden von Generationen von denen, die mich lieben und meine Gebote halten." (2. Mose 20,5–6)

Historische Auslegung

Im Rahmen der historischen Auslegung einer Norm frage ich nach ihrer eigenen Geschichte, nicht nach ihrem Grund, sondern danach, wie sie sich im Laufe der Zeiten verändert hat. Angesichts dessen, dass die Vorschriften aus 3. Mose weder vorher existieren noch später wiederholt oder verändert vertieft werden, kann hier nur der Vollständigkeit halber festgestellt werden, dass Gott eine Revision der Vorschrift im Neuen Testament nicht für nötig hielt und es auch vor der Gesetzgebung nicht erforderlich war, solche Fragestellungen grundsätzlich zu klären. Selbst zu Zeiten Noahs, in denen sogar das Heiraten gottlos war, weil die Menschen ihn ver- und missachteten, spielte eine Regelung homosexuellen Verkehrs keine Rolle.

> „Damals vor der großen Flut aßen und tranken die Menschen, sie heirateten und wurden verheiratet – bis zu dem Tag, an dem Noah in die Arche ging. Sie merkten nichts, bis die Flut hereinbrach und sie alle hinwegraffte. So wird es auch bei der Wiederkunft des Menschensohnes sein." (Matthäus 24,38–39)

Meiner Auffassung nach wäre das eine Möglichkeit für Jesus gewesen, sämtliche Unmoral darzustellen, die in die Sintflut als Gericht Gottes mündete. Jesus zielt hier aber darauf ab, dass die Menschen ihren Lebenswandel rein menschlich gestalteten, vor sich hin lebten, ohne nach Gott zu fragen oder nach dem, was gut ist. In der alttestamentlichen Parallelstelle wird die Bosheit und Gewalttätigkeit der Menschen herausgestellt.

> „Und der HERR sah, dass die Bosheit des Menschen auf der Erde groß war und alles Sinnen der Gedanken seines Herzens nur böse den ganzen Tag." (1. Mose 6,5)

> „Die Erde aber war verdorben vor Gott, und die Erde war erfüllt mit Gewalttat. Und Gott sah die Erde, und siehe, sie war verdorben; denn alles Fleisch hatte seinen Weg verdorben auf Erden. Da sprach Gott zu Noah: Das Ende alles Fleisches ist vor mich gekommen; denn die Erde ist durch sie erfüllt von Gewalttat; und siehe, ich will sie verderben mit der Erde." (1. Mose 6,11–13)

Im Vorhinein, so beginnt die Erzählung über die Sintflut, verkehrten die Söhne Gottes mit Menschentöchtern und zeugten Kinder mit ihnen. Dieser Umstand an sich bleibt meinem heutigen Verständnis ehrlich gesagt verschlossen. Was jedoch deutlich wird, ist, dass die Sintflut nicht auf diese von der Schöpfungsordnung abweichende Verkehrsweise bezogen wird – weder direkt noch später durch Jesus. Es hätte nahegelegen, hier pointiert sexuelle Unmoral darzustellen, aber das bleibt aus.

Auslegung nach dem Sinn und Zweck

Die Auslegung einer Vorschrift nach dem Sinn und Zweck ist oft „kriegsentscheidend". Sofern Sinn und Zweck der Vorschrift den zu prüfenden Lebenssachverhalt nicht umfassen, kommt eine Anwendung der Vorschrift nicht in Betracht. Die Grenze dieser Auslegung ist jedoch der Wortlaut, es sei denn, es gibt gewichtige Gründe, dass Sinn und Zweck über den Wortlaut hinausgehen. Die Frage nach dem Zweck der Vorschriften in 3. Mose, Absonderung Israels von der heidnischen Umgebung, ist aus dem biblischen Befund im Rahmen der systematischen Auslegung ziemlich deutlich. Kann dies also auf homosexuelle Beziehungen heute unter diesem Sinn und Zweck angewandt werden? Welche Abgrenzung könnte heute durch das Verbot homosexueller Beziehungen erreicht werden? Theoretisch vorstellbar wäre hier die Abgrenzung vom Lebensstil der Menschen, die Gott nicht kennen. Die Übertragung müsste dann ebenso mit sich bringen, dass Homosexualität heute als Ausdruck von Gottlosigkeit bzw. Verehrung anderer Götter gelebt wird. Wenn das der Fall wäre, wären Christen nach dem Sinn und Zweck der Vorschrift auch heute gut beraten, von einer mit dieser Zielrichtung gelebten Homosexualität Abstand zu nehmen. Tatsächlich finde ich aber dafür keine aktuellen Belege. Homosexualität wird ebenso wie Heterosexualität mitunter pervertiert und sogar vergöttert. Da gibt es keine Unterschiede. Dass Homosexualität an sich gottlos und Götzenverehrung ist, ergibt sich nicht aus dem biblischen Befund. Eine homosexuelle Beziehung erfüllt damit nicht den Sinn und Zweck der alttestamentlichen Vorschrift.

Zusammenfassend ergibt sich aus der Auslegung der gesetzlichen Vorschriften, dass Gott einen Anspruch auf nur an ihn gerichtete Anbetung erhebt. Diese Anbetung soll nicht nur im Geist, nicht nur in meiner Überzeugung stattfinden, sondern auch in meinem Lebensstil. Verleitet mich mein Lebensstil dazu, anderen Göttern zu dienen – mir selbst, Sex, Macht, Geld etc. –, soll ich davon Abstand nehmen.

VI. In Ordnung

Wenn der Geist Gottes das Gesetz durch den Glauben in uns erst richtig zur Geltung bringt, bedeutet dies, dass der hier aus dem Gesetz herausgearbeitete Wesenszug Gottes durch den Heiligen Geist in mir nicht umgekehrt werden wird. Der Heilige Geist in mir wird nichts fördern, was mich zu „Anbetungsalternativen“ verleitet, wo ich mich in Selbstanbetung oder Menschenfurcht begebe.

Nun wird Jesus im Neuen Testament, während er selbst Gottes Gesetz erfüllt und die Glaubenden durch Gnade gerecht spricht, auf die wichtigsten Gebote hin befragt. Er lässt seinen Befrager, erneut ein Gesetzeslehrer, anschließend zusammenfassen, was das Gesetz lehrt:

> „‚Du sollst den Herrn, deinen Gott, lieben von ganzem Herzen, mit ganzer Hingabe, mit aller deiner Kraft und mit deinem ganzen Verstand!‘ Und: ‚Du sollst deine Mitmenschen lieben wie dich selbst!‘“ (Lukas 10,27)

Jesus bestätigt hier die höchsten Gebote. Sie sind die Antwort auf die Frage des Gesetzeslehrers, wie er das ewige Leben erhalten könne. Der Gesetzeslehrer ist aber immer noch im Begriff, Jesus eine Falle zu stellen und auf die Nachfrage, wer denn sein Nächster sei, erzählt Jesus das Gleichnis vom barmherzigen Samariter. Protagonist der Geschichte Jesu darüber, wie man die Ewigkeit erlangt, ist ein in den Augen der Israeliten Ungläubiger, der Bürger eines kulturellen Mischvolks, das Ergebnis dessen, dass auf die Vorschriften des Alten Testaments, sich nicht mit anderen Völkern zu vermischen, nicht gehört worden ist. Dieser samaritanische Mann wird von Jesus als Beispiel für Gottesfurcht und Nächstenliebe vorgestellt. Jesus hätte den Gesetzeslehrer nicht tiefer demütigen können, als ihm den aus dessen Sicht geistlichen Abschaum als Vorbild unter die Nase zu reiben.

Was sagt das über die neue Ordnung des Geistes aus? Der Samariter ist derjenige, der den am Boden Liegenden aufhebt und versorgt – nachdem die Frommen an ihm ohne jede Hilfestellung vorübergegangen sind. In diesem Gleichnis wird weder die Herkunft noch die religiöse und kulturelle Vorgeschichte des Samariters bewertet, sondern seine Herzenshaltung. Ebenso wird die vermeintliche religiöse Reinheit der vorübergehenden Frommen nicht bewertet, sondern ihre Herzenshaltung. Wer sind aus Sicht der Frommen heute die Samariter, die Unreinen? Wer die in den Schmutz getretenen? Ich lasse das mal offen.

Das Gebot, das Jesus hier vor der Nächstenliebe betont, ist die Liebe zu Gott. Ihn soll ich lieben mit ganzem Herzen, ganzer Hingabe, ganzer Kraft. Es geht hier um eine ungeteilte Liebe gegenüber Gott, von der mich nichts abbringen darf.

Eine Frage der Frucht

Wie erkenne ich also, ob mich etwas von meiner Liebe zu Gott abbringt, sie beeinträchtigt? Jesus sagt an anderer Stelle, dass wir an unseren Früchten erkannt werden.

> „,Ein guter Baum kann keine schlechten Früchte tragen; ebenso wenig kann ein schlechter Baum gute Früchte tragen. Jeder Baum, der keine guten Früchte trägt, wird umgehauen und ins Feuer geworfen. Deshalb sage ich: An ihren Früchten werdet ihr sie erkennen.' – ,Nicht jeder, der zu mir sagt: Herr, Herr!, wird ins Himmelreich kommen, sondern nur der, der den Willen meines Vaters im Himmel tut. Viele werden an jenem Tag zu mir sagen: Herr, Herr! Haben wir nicht in deinem Namen prophetisch geredet, in deinem Namen Dämonen ausgetrieben und in deinem Namen viele Wunder getan? Dann werde ich zu ihnen sagen: Ich habe euch nie gekannt. Geht weg von mir, ihr mit eurem gesetzlosen Treiben!'" (Matthäus 7,18–23)

Jesu Bewertung bringt einige unserer frommen Maßstäbe nachhaltig ins Wanken. Mir scheint, dass in der Diskussion über Homosexualität noch nie über die Früchte nachgedacht worden ist, die Menschen, die in homosexuellen Beziehungen leben, hervorbringen. Das liegt zum einen wohl daran, dass Menschen in unseren Gemeinden, die in homosexuellen Beziehungen leben, dies im Verborgenen tun. Die Früchte, die sie bringen, werden als solche vielleicht gesehen, aber der Baum dahinter nicht. Jesus hat tatsächlich den Schneid, von der Frucht auf den Baum zu schließen – wir machen es menschlich genau andersherum.

Nun kommen in der Ordnung des Geistes auch gerade seine Früchte zur Bewertung des Baumes zum Tragen:

„Die Frucht hingegen, die der Geist Gottes hervorbringt, besteht in Liebe, Freude, Frieden, Geduld, Freundlichkeit, Güte, Treue, Rücksichtnahme und Selbstbeherrschung." (Galater 5,22–23a)

„Wer auf den Boden seiner selbstsüchtigen Natur sät, wird als Frucht seiner Selbstsucht das Verderben ernten. Wer dagegen auf den Boden von Gottes Geist sät, wird als Frucht des Geistes das ewige Leben ernten." (Galater 6,8)

Betrachtet man die Früchte, die der Geist Gottes hervorbringt, bis dahin, dass derjenige, der auf seinem Boden sät, ewiges Leben ernten wird, ist dabei nichts zu finden, dass durch das Führen einer homosexuellen Beziehung außer Kraft gesetzt würde, jedenfalls ist das bisher nicht nachgewiesen worden – so weit kommen die Auseinandersetzungen gar nicht. Wenn also ein homosexuell lebender Mensch gute Frucht hervorbringt, angeblich gewirkt durch den Heiligen Geist in ihm, ist das dann Teufels Werk?

„Ein Besessener, der blind und stumm war, wurde zu Jesus gebracht. Jesus heilte ihn, und der Mann konnte wieder reden und sehen. Die Menge war außer sich vor Staunen, und alle fragten sich: ‚Ist er denn etwa der Sohn Davids?' Als die Pharisäer das hörten, sagten sie: ‚Wisst ihr, wie der die Dämonen austreibt? Er tut es mit Hilfe von Beelzebul, dem Obersten der Dämonen!'" (Matthäus 12,22–24)

Der Gedanke ist also nicht neu. Jesus wird von den Pharisäern nicht als von Gott gesandt anerkannt und die einfache Schlussfolgerung ist, dass er Dämonen mithilfe des Teufels austreibt. Da sie seine Früchte nicht dem Baum, den sie zu sehen meinen, zuordnen können, stricken sie aus ihren religiösen Vorstellungen eine Lösung für ihren Zwiespalt – weitab von jeder Demut gegenüber dem, was sie erlebt und gesehen haben.

„Jesus wusste, was sie dachten, und sagte zu ihnen: ‚Jedes Reich, das mit sich selbst im Streit liegt, geht zugrunde, und keine Stadt oder Familie, in der man miteinander im Streit liegt, wird bestehen bleiben. Wenn nun der Satan den Satan austreibt, liegt er mit sich selbst im Streit. Wie kann sein Reich da bestehen? Und wenn ich die Dämonen tatsächlich mit Hilfe von Beelzebul austreibe, mit wessen Hilfe treiben dann eure eigenen Leute sie aus? Sie selbst sind es daher, die über euch das Urteil sprechen werden. Wenn ich die Dämonen nun aber mit der Hilfe von Gottes Geist austreibe, dann ist doch das Reich Gottes zu euch gekommen. Oder wie kann jemand in das Haus eines Starken eindringen und ihm seinen Besitz rauben, wenn er den Starken nicht vorher fesselt? Dann allerdings kann er sein Haus ausrauben. Wer nicht auf meiner Seite steht, ist gegen mich, und wer nicht mit mir sammelt, zerstreut. Darum sage ich euch: Jede Sünde, ja sogar jede Gotteslästerung kann den Menschen vergeben werden; wenn aber jemand den Heiligen Geist lästert, wird ihm nicht vergeben werden. Auch dem, der etwas gegen den Menschensohn sagt, kann vergeben werden; wer aber gegen den Heiligen Geist redet, dem wird nicht vergeben werden, weder in dieser Welt noch in der kommenden. Wenn ein Baum gut ist, sind auch seine Früchte gut. Ist ein Baum jedoch schlecht, dann sind auch seine Früchte schlecht. An den Früchten erkennt man den Baum.'" (Matthäus 12,25–33)

Für Jesus hört an dieser Stelle offenbar alle Diskussionsfreude auf. Den Vorwurf der Pharisäer, er treibe mit Teufels Hilfe die Dämonen aus, beschreibt er als Lästerung des Heiligen Geistes. Jesus führt hier aus, dass die Negierung vom Geist gewirkter Früchte eine Lästerung der Person des Heiligen Geistes an sich ist. Und noch einmal betont er, dass ein guter Baum gute und ein schlechter Baum schlechte Früchte hervorbringt. Wenn wir also Früchte des Geistes sehen und beurteilen, ist nach Jesu Aussage höchste Vorsicht geboten. Schieben wir Menschen, die solche Früchte hervorbringen, ins dämonische Abseits, schieben wir den Heiligen Geist ebenso dorthin.

Wenn nach der im evangelikalen Bereich herrschenden Meinung (gelebte) Homosexualität ein Werk des Teufels ist, dürften die betroffenen Menschen schlicht keine guten Früchte hervorbringen, da sich der Teufel sonst selbst bekriegen würde, sondern sie müssten vielmehr das hervorbringen, was in Römer 1 über diejenigen beschrieben wird, die Gott verachten.

Angriff auf die Schöpfungsordnung

Nun werden Homosexualität und ihr Ausleben (wobei mir immer noch nicht klar ist, was der Unterschied sein soll) gerne als Angriff auf die Schöpfungsordnung Gottes bezeichnet. Das verwirrt mich etwas. Die Schöpfungsordnung Gottes ist durch den Sündenfall umfassend angegriffen worden – in ihrem vollen Bestand. Gottes Gnade und seine Liebe sind die Gründe dafür, dass er nach dem Sündenfall und auch bei Noah nicht einfach Schluss mit uns gemacht hat. Er hatte Gründe genug. Dazu brauchte es offenbar keine Homosexualität.

Mir scheint manchmal, dass in unseren christlichen Kreisen der Versuch unternommen wird, den Sündenfall durch unser Verhalten zu umgehen und damit die Schöpfungsordnung wiederherstellen zu wollen. Nicht einmal Jesus hat diesen Plan. Er hat den Sündenfall für unsere hiesige Erde nicht zurückgedreht, er hat aber die Macht der Sünde begrenzt und uns aus ihrem Machtbereich herausgezogen. Es steht aber nicht auf der Agenda, paradiesische Zustände wiederherzustellen – sogar ausdrücklich nicht mit Blick auf die heterosexuelle Ehe, denn die wird es im Himmel laut Jesus nicht mehr geben (Markus 12,25).

Was ist also das Festhalten an der „Schöpfungsordnung" im geistlichen Sinne? Und ist die Schöpfungsordnung mit der neuen Ordnung des Geistes gleichzusetzen? Für die Thematik Partnerschaft bringt die Schöpfungsgeschichte vier Hauptpunkte hervor:

Ebenbildlichkeit (1. Mose 1,27)

Von der Kontra-Homo-Fraktion wird aus diesem Vers häufig zweierlei gemacht – mit gravierenden Folgen. Zum einen sei dies die Stiftung der heterosexuellen Ehe, denn gern wird diese Stelle nicht dem Urtext nach mit männlich und weiblich, sondern mit Mann und Frau übersetzt. Da im Deutschen Mann und Frau häufig mit Ehemann und Ehefrau gleichgesetzt werden, wird das an dieser Stelle bereits hineingelesen. Es steht da jedoch nicht. Hinsichtlich der Geschlechtlichkeit stehen da lediglich die biologischen Geschlechter, die dann auf die Vermehrung im nächsten Vers hin ausgerichtet sind (im Englischen: „So God created man in his own image, in the image of God he created him; male and female he created them." – 1. Mose 1,27; English Standard Version). In das Nennen von männlich und weiblich gleich eine Ehe hineinzulesen, ist meiner Auffassung nach sehr weit hergeholt. Jesus stellt die Erschaffung von

Mann und Frau dann in Beziehung zum Ein-Fleisch-Werden (Matthäus 19,4), da geht es dann um Beziehung. Warum ist das wichtig? Oft höre ich, dass die Ebenbildlichkeit Gottes sich in der Ehe zwischen Mann und Frau und nur darin wiederfindet. Durch die Ehe werde das Ebenbild Gottes vollständig. Diese zweite Behauptung lässt sich weder am Schöpfungsbericht begründen, denn danach wurden sie männlich und weiblich geschaffen, noch irgendwie sonst. Auch wird dabei die mittlerweile nicht mehr umstrittene Tatsache ignoriert, dass jeder Mensch feminine und maskuline Anteile hat – so wie wohl Gott selbst. Als Folge dieser Auffassung aber werden in unseren Gemeinden Singles, egal welcher sexuellen Couleur, als mittlerweile zahlenmäßig hoher Bestandteil auf die dritte Stufe gestellt, wobei zwischen der ersten Stufe, der Ehe mit Kindern, und der zweiten Stufe, der Ehe ohne Kinder, und der sodann dritten Stufe jeweils ein gewaltiger Abstand in der Beachtung im Gemeindeleben klafft. Singles werden als Zwischenstadium vor der Ehe akzeptiert. Ab einem gewissen Alter und einer gewissen Dauer des Singledaseins wird es aber schwieriger, einzig auf den Eheschluss hinzuleben, und somit schwindet die geistliche Einordnung des Singledaseins ins Nichts. Nicht Ebenbild Gottes zu sein, solange man nicht verheiratet ist, ist eine unbiblische Abwertung. Daneben ist festzuhalten, dass mit der neuen Ordnung des Geistes auch die Ebenbildlichkeit klarer definiert wird:

> „Alle, die sich von Gottes Geist leiten lassen, sind seine Söhne und Töchter." (Römer 8,14)

Und wieder ist die Voraussetzung der Gotteskindschaft – was kann an Ebenbildlichkeit mehr gefordert werden –, sich vom Geist Gottes leiten zu lassen. Was er in uns tut, das tut Gott in uns und was Gott in uns und durch uns tut, sind seine eigenen Werke. Christus, der Gott selbst ist, immer ähnlicher zu werden durch die Prägung des Heiligen Geistes, ist das Ziel, für das Gott uns vorgesehen hat.

> „Schon vor aller Zeit hat Gott die Entscheidung getroffen, dass sie ihm gehören sollen. Darum hat er auch von Anfang an vorgesehen, dass ihr ganzes Wesen so umgestaltet wird, dass sie seinem Sohn gleich sind. Er ist das Bild, dem sie ähnlich werden sollen, denn er soll der Erstgeborene unter vielen Brüdern sein." (Römer 8,29)

Von diesem Ziel her gesehen ist die Auslegung des Schöpfungsberichts dahin, dass der Mensch nur als Mann und Frau und bezogen auf seine Geschlechtlichkeit Ebenbild Gottes ist, abzulehnen. Das Ebenbild Gottes zu sein, bezieht sich auf sein Wesen, seine Charakteristik. „Von Anfang an", schreibt Paulus, war es das Ziel, dass wir Jesus ähnlich werden. Sicherlich nicht in seinem biologischen Geschlecht, sondern in seiner Art, seiner Haltung gegenüber Gott und Menschen.

Homosexualität als Angriff auf die Schöpfungsordnung zu sehen, ergibt sich aus diesem Vers jedenfalls nicht. Die Bibel selbst stützt die Behauptung nicht, ja, sie zeigt sogar eine ihr entgegenstehende Zielrichtung auf, die mit unserem Geschlecht und unserer Sexualität rein gar nichts zu tun hat.

An dieser Stelle ist jedoch noch einmal das Augenmerk auf die häufig behauptete neutestamentliche Bestätigung der Schöpfungsordnung in der bereits behandelten Stelle in Matthäus 19,3 ff. zu richten. Vielfach wird argumentiert, Jesus selbst würde – wenn er auch nichts konkret zur Homosexualität sagt – die Ehe zwischen Mann und Frau bestätigen und im Umkehrschluss eine homosexuelle Lebensform ausschließen.

Die dortige Frage der Pharisäer zur Ehescheidung scheint bewusst überspitzt gestellt worden zu sein. Die Pharisäer legen nach Jesu Antwort noch mit dem Verweis nach, dass es doch Mose war, der die Erlaubnis zum Scheidebrief erteilt habe. Wieder versuchen die Pharisäer, Jesus ans Gesetz zu fesseln, und legen ihm eine Streitfrage vor, deren mosaische Antwort sie selbst nicht für moralisch richtig zu halten scheinen. Sie prüfen Jesus also auf seine Haltung gegenüber Mose und den Gesetzen in dem Wissen, dass die Ehe von Gott als Bund auf Lebenszeit angelegt ist. Sie wollen, dass Jesus sich positioniert und sie – egal welche Antwort er gibt – sich ihm geistlich oder moralisch überlegen zeigen könnten. Jesu Zitat aus 1. Mose, dass Gott die Menschen als Mann und Frau, wörtlich auch hier männlich und weiblich, schuf, macht deutlich, dass die geistliche Ehemoral Jesu sprichwörtlich bei Adam und Eva beginnt. Das Ziel seines Zitats ist die Verbindlichkeit der Ehe zu erklären, darzustellen, dass Gott sich etwas dabei gedacht hat, den Menschen „nicht allein" zu lassen, sondern ihm ein Gegenüber zu geben, an das er sich bindet. Der Schwerpunkt Jesu liegt auf der Tatsache, dass stabile, andauernde Beziehungen für uns lebenswichtig sind, während Zerbruch immer schmerzhaft ist und Schaden mit sich bringt. Beliebigkeit in Partnerschaft ist das, was Jesus hier zurückweist. Die These, Jesus habe hiermit deutlich gemacht, dass homosexuelle Partnerschaften vor Gott nicht bestehen können, erscheint mir als fragwürdig motivierte Textauslegung. Jesus bekommt eine konkrete Frage zum Thema der Ehescheidung gestellt – und er beantwortet diese, wie so oft tiefer als die Pharisäer es sich gewünscht hätten. Aber Jesus beantwortet damit nicht alle möglichen Fragen, die wir ihm gerne stellen würden.

Das ist vielleicht mit einfacher Mathematik zu vergleichen: Angenommen, manche Menschen behaupten, dass das Ergebnis 3 + 1 = 4 doch flexibel sei, weil Professor XY einst behauptete, dass man die 4 nicht so ernst zu nehmen brauche, und man solle schauen, ob einem die 4 persönlich gefalle. Ist dem nicht so, könne man genauso auch zu dem Ergebnis 5 kommen, und das wäre dann genauso richtig. Daraufhin tritt der klügste Mathematiker schlechthin auf und setzt fest: 3 + 1 ist immer 4, ob es euch gefällt oder nicht. Ist dann 2 + 2 nicht mehr 4? Weil der Mathematiker die Frage zu 3 + 1 beantwortet hat? Als Juristen wird uns häufig vorgeworfen, das Recht zu verbiegen und den Menschen das Wort im Mund umzudrehen. Ersteres ist eine Schande, Letzteres eine Methode der Zeugenbefragung, die meines Erachtens nach nicht selten an ihre ethischen Grenzen stößt. Der heutige Umgang mit der Antwort Jesu auf die Frage der Pharisäer erinnert mich genau an diese verdrehte Fragetechnik auf Homosexualität bezogen. Es wird eine Aussage aus ihrem Zusammenhang gerissen und dann anderen Menschen unter eigener Flagge und in einem anderen Kontext vorgehalten. Das ist unlauter. Dass Jesus in den Evangelien nichts zur Homosexualität sagt ist (auch schmerzlicher) Fakt. Es wäre für mich ansonsten vieles einfacher, ganz gleich, wie er sich positioniert hätte. Dass er es nicht getan hat, berechtigt weder die Pro- noch die Kontra-Fraktion dazu, in Nichtgesagtes Selbstgedachtes hineinzuinterpretieren.

Fruchtbarkeit und Vermehrung (1. Mose 1,28)

Fruchtbarkeit ist seit Menschengedenken ein hohes Gut. Es wird oft gleichgesetzt mit der Fähigkeit, Kinder zu bekommen, und die weltliche Bewertung einer kinderlosen Frau war schon zu biblischen Zeiten hart. Selbst heute noch müssen sich Paare, die keine Kinder bekommen, oder vielleicht „nur" eins, rechtfertigen, auch in unseren christlichen Kreisen. Fragen wie: Und, wann ist es bei euch so weit? Könnt ihr nicht oder wollt ihr nicht? Nur eins? Ist das denn gut für das Kind?, quälen die betroffenen Personen erheblich, greifen lieblos in ihre Intimsphäre ein und geben ihnen die Rückmeldung, weniger wert zu sein. Das ist nichts Neues. Mag man aus der Schöpfungsgeschichte den Auftrag „Fruchtbarkeit" ableiten, beobachtet man im Verlauf der Bibel Gottes besonderen Umgang mit diesem eigentlichen Segen:

> „Und als der HERR sah, dass Lea zurückgesetzt war, da öffnete er ihren Mutterleib; Rahel aber war unfruchtbar." (1. Mose 29,31)

Gott selbst entscheidet hier, die von Jakob weniger geliebte Frau durch einen Kindersegen zu trösten und die mehr geliebte Rahel unfruchtbar zu machen. Im weiteren Verlauf entwickelt sich ein Wettstreit ums Kinderkriegen, denn auch Rahel erlangt später Fruchtbarkeit, und es werden die zwölf Stammväter Israels hervorgebracht – auch unter Zuhilfenahme zweier Sklavinnen. Gott greift hier aus eigenen Gründen in die Fruchtbarkeit von Rahel ein, er widersetzt sich damit seiner Schöpfungsordnung. Es steht uns nicht zu, über solche Umstände zu urteilen und Menschen danach unter Berufung auf den Schöpfungsbericht zu bewerten.

Homosexuell empfindende Menschen mögen biologisch fruchtbar sein, werden aber wohl gemeinsam nach wissenschaftlichem Stand der Dinge keine Kinder zeugen. Sind sie damit dem Fruchtbarkeitsauftrag und -segen Gottes entzogen und da sie diese Voraussetzung nicht mitbringen ein Affront gegen die Schöpfungsordnung? Was umfasst Fruchtbarkeit alles?

> „Freu dich, du Unfruchtbare, die du nie ein Kind zur Welt gebracht hast; brich in Jubel aus und jauchze, die du nie Mutter geworden bist! Denn die Kinder der Einsamen werden zahlreicher sein als die Kinder der Frau, die einen Mann hat.“ (Jesaja 54,1; Galater 4,27)

Über die Früchte, auf die es für Jesus ankommt, habe ich bereits geschrieben. An dieser Stelle nun, die Paulus aus Jesaja wörtlich zitiert, wird ein Bild der Fruchtbarkeit gemalt, das fernab davon liegt, (leibliche) Kinder zu bekommen. Bei Jesaja, und darauf bezieht sich auch Paulus, wird Jerusalem beschrieben, das auf der Unfruchtbarkeit Saras aufgebaut worden ist. Hier ist eine Frucht durch Gottes Geist entstanden, die bis in den Himmel reicht (Galater 4,26). In der Bibel wird also scheinbar entgegen der Schöpfungsansage Unfruchtbarkeit gelobt, die sodann Fruchtbarkeit im Geist ermöglicht. Das führt wieder zu der Frage, ob homosexuell lebende Menschen geistliche Frucht bringen können, wo es an Gegenbeweisen schlicht fehlt, Beweise aber vielfältig in Lebensbildern vorhanden sind.

Sich (miteinander) zu vermehren ist allerdings einer homosexuellen Beziehung nicht gegeben. Das dürfte ein großer Unterschied zu einer heterosexuellen Beziehung sein – jedenfalls dem Grunde nach. Wird dadurch also die Schöpfungsordnung angegriffen? Bereits Abraham und Sara konnten keine Kinder bekommen – die Geburt Isaaks war ausdrücklich ein gottgewirktes Wunder, an dem Gott seine Größe deutlich machen wollte, der Beginn einer großen Geschichte mit Israel. Darüber hinaus scheint die fehlende Vermehrung von Abraham aber kein geistliches Problem darzustellen. Auch andere Menschen in der Bibel und heute, auch heterosexuelle Paare, bleiben aus den verschiedensten Gründen kinderlos. Der Vorwurf, dass in homosexuellen Beziehungen sozusagen vermehrbare Ressourcen verschwendet würden, greift auch nicht. Denn, führe ich keine homosexuelle Beziehung, wird meine Vermehrung aus mir selbst heraus kaum erfolgreicher verlaufen.

Auch wenn man denken mag, dassFolgendes selbstverständlich sei: Kinder sind ein Segen, ihr Fernbleiben kein Fluch. Ob denn der Auftrag, die Erde zu füllen und sie uns untertan zu machen, nicht sogar erfüllt sein mag, lasse ich hier offen. Jedenfalls schadet kein in Beziehung lebender homosexuell empfindender Mensch der Erhaltung der Menschheit, nicht mehr und nicht weniger, als wenn er Single bliebe.

Alleinsein (1. Mose 2,18)

Mit Gottes einziger quasi Korrektur im Rahmen der Schöpfung habe ich mich schon befasst. Dennoch will ich mit Blick auf die neue Ordnung des Geistes den Gedanken Gottes, dass der Mensch in Partnerschaft leben will, noch einmal beleuchten. Es wird von homosexuell empfindenden Menschen die Ehelosigkeit oder jedenfalls die Partnerlosigkeit gefordert. Diese Forderung tritt oft in einer Selbstverständlichkeit auf, als wäre Partnerlosigkeit Gottes ursprüngliche Idee. Gottes Aussage: „Es ist nicht gut, dass der Mensch allein sei“, ist für die Erschaffung eines zweiten Menschen maßgeblich. Das ist sein Motiv, sein Antrieb. Schon hinter dieser Feststellung steckt eine göttliche Kraft. Es ist ein Satz, der aus dem Munde Gottes kommt, nicht eine sozialwissenschaftliche Erkenntnis. Mir erscheint es oft, als würde man mir diese göttliche Feststellung aberkennen und ein „Für dich ist es besser, wenn du allein bist“ daraus machen. Dass die Sehnsucht nach einem Partner, einem Gegenüber, mit dem man exklusiv lebt, eine erhebliche Kraft hat, weiß auch Paulus, der selbst zur freiwilligen Ehelosigkeit rät, um sich ganz auf das Reich Gottes konzentrieren zu können.

> „Am liebsten wäre mir ja, wenn jeder wie ich die Befähigung hätte, ledig zu bleiben. Aber es haben nicht alle die gleiche Gabe; dem einen gibt Gott diese, dem anderen eine andere. Den Unverheirateten und den Verwitweten rate ich, ehelos zu bleiben, wie ich es bin; das ist das Beste für sie. Fällt es ihnen jedoch zu schwer, ihr Verlangen zu beherrschen, dann sollen sie heiraten. Es ist besser zu heiraten, als von unerfülltem Verlangen verzehrt zu werden." (1. Korinther 7,7–9)

Hier fallen zwei Dinge ins Auge, die bei der an homosexuell empfindende Menschen herangetragenen Forderung, als Single zu leben, nicht berücksichtigt werden: Ledig zu bleiben ist eine Gabe, die Paulus höher als die Ehe einschätzt. Die Glorifizierung der Ehe, die wir ansteigend seit Jahrhunderten gerade in christlichen Kreisen sehen können, wird von Paulus nicht einmal im Ansatz gestützt. Im Weiteren führt Paulus das Erfordernis einer Heirat darauf zurück, dass man ansonsten von unerfülltem Verlangen verzehrt werden könnte. Gilt dies denn nicht auch für homosexuell empfindende Menschen? Kann es nicht sein, dass wir dadurch, dass wir homosexuelle Beziehungen einfach verbieten, erhebliches geistliches Potenzial binden und Menschen dazu zwingen, sich mit dem Inschachhalten ihres schöpfungskonformen Verlangens nach Partnerschaft zu beschäftigen? Aus eigener Erfahrung kann ich nur feststellen, dass sehr viel Kraft, Gedanken und Gefühle in die Kontrolle meiner sexuellen Orientierung fließen. Und nicht etwa deswegen, weil mich meine „Begierden" übermannen. Ich lebe mit angezogener Handbremse, und das hat auch schon ungeistliche Entscheidungen hervorgebracht, Situationen, in denen ich mich als homosexuell empfindende Frau nicht berufen fühlen konnte, einen Dienst zu übernehmen, denn Gott kann mich ja doch nicht gebrauchen. Jedes Mal, auch heute noch, steht mein homosexuelles Empfinden als Ankläger neben mir, in jedem Dienst, den ich in der Gemeinde tue. Kann ich Menschen seelsorgerlich begleiten? Als Homosexuelle? Darf ich Lobpreis leiten? Predigen? Nicht als Homosexuelle, das ist die Antwort, die mich ständig traktiert und mir jeden Dienst schwer macht. Wenn ich zusätzlich noch verliebt bin, wird das alles bis ins Unerträgliche potenziert. Gott befreit mich in den Situationen immer wieder von diesen Selbstvorwürfen, er macht mir deutlich, dass er mich auch und genau so gebrauchen kann, wie ich bin. Wie in vielen Dingen, in denen uns der Teufel seine Pfeile in den Rücken schießt, brauche ich auch die Ermutigung von Geschwistern, vom Christus, der in meinem Bruder stärker ist als in mir – und dieser Zuspruch fehlt bis auf ausgewählte Einzelfälle, für deren Existenz in meinem Leben ich Gott unendlich dankbar bin. Ich habe keine Vorstellung davon, wie mein Einsatz für Jesus heute ohne diese Handvoll Menschen aussehen würde. Aber Jesus hat mich beschenkt und mir in diesen Beziehungen auch Raum zum geistlichen Wachstum näher zu ihm hin gegeben. Bis dahin, dass ich heute hier sitze und diese Zeilen schreibe.

Mein Wunsch nach Partnerschaft ist nicht teuflisch, aber er ist dazu geeignet, mich von meiner Ausrichtung auf das Reich Gottes abzulenken. Das gilt für mich wie auch für heterosexuell empfindende Menschen. Auch hier finde ich keinen Unterschied. Auch für mich ist das Alleinsein nicht gut. Heterosexuell empfindende Menschen leiden für alle nachvollziehbar sehr darunter, wenn sie den ersehnten Partner nicht finden. Ihre Sehnsucht ist in unseren Kreisen erlaubt, ihr Alleinsein wird als etwas empfunden, dem wir eine Änderung zum Guten, zur Stillung dieser natürlichen Sehnsucht wünschen. Wem es gegeben ist, dass er ledig bleiben kann, der soll es tun. Es von anderen Menschen zu verlangen, liegt erneut neben dem biblischen Befund. Anhand der Beschreibung von Paulus komme ich auch nicht zu dem Schluss, dass es eben dann bedeute, für Jesus zu leiden, wenn man trotz Wunsch ehelos bzw. ohne Partner bleibt und dass darauf dann ein besonderer Segen läge. An vielen Stellen spricht Paulus davon, sich selbst um Jesu willen einzuschränken, an dieser Stelle hinsichtlich Partnerschaft aber nimmt Paulus eine Abwägung vor. Diese muss jeder für sich selbst vornehmen. Denn ob mich mein Wunsch nach Partnerschaft und das Verbieten desselben von Jesus ablenkt und mich in eine andere Abhängigkeit als die vom Heiligen Geist führt, kann nur ich unter der Führung des Geistes beurteilen.

Wenn also Ehelosigkeit, das fehlende Verlangen nach Partnerschaft eine Gabe ist, dann ist das Selbsthervorbringen und selbst auferlegte Ertragenwollen von fehlender Partnerschaft erneut ein Akt der Selbsterlösung, ein Verhalten, wo ich eine sonst geistliche Gabe mit menschlicher Anstrengung selbst konzipiere, womit wir wieder bei dem eigentlichen Wesen der Sünde wären.

> „Zugegeben, es handelt sich um eine Frömmigkeit, die den Anschein besonderer Weisheit hat: dieser selbstgewählte Gottesdienst, diese Demut, diese Schonungslosigkeit gegenüber dem eigenen Körper! Doch das alles ist ohne jeden Wert und dient nur dazu, das menschliche Geltungsbedürfnis zu befriedigen.“ (Kolosser 2,23)

Eltern verlassen und ein Fleisch sein (1. Mose 2,23+24)

Das Führen einer exklusiven Beziehung auf körperlicher, geistiger und seelischer Ebene wird als Partnerschaftsgedanke

Gottes durch Jesus im Neuen Testament wiederholt und damit gefestigt. Dass eine solche Beziehungsführung als Einheit vor Gott und Menschen zwischen zwei Menschen gleichen Geschlechts ebenso möglich ist, habe ich ausführlich bearbeitet. Es ist kein Angriff auf diese Ordnung, wenn eine homosexuelle Verbindung unter diesen Prämissen geführt wird, vielmehr kann dieses Beziehungsziel genauso gelebt werden wie auch in einer heterosexuellen Beziehung. Es kann ebenso gut und ebenso schlecht gelingen. Für alle anderen Fragestellungen dazu verweise ich auf die obigen Abschnitte.

Eine Frage des Gewissens

Bei allem Argumentieren, Wissen, bisweilen Beweisen oder nur Behaupten bleibt letzten Endes immer die Frage nach dem individuellen Gewissen, nach dem, was der Geist mir persönlich aufzeigt. Das Gewissen eines Menschen ist höchst komplex, denn es besteht nicht nur aus einem grundsätzlichen Moralkodex, den natürlichen Hemmschwellen eines Menschen, sondern ist äußeren Einflüssen, geistlichen und menschlichen, ausgesetzt und wird von diesen geprägt. Das eigene Gewissen also als Kompass für Tun oder Lassen heranzuziehen, ist umstritten und birgt auch aus meiner Sicht einige Gefahren. Wenn etwas nur meinem Gewissen entspringt, sich aber im Übrigen nicht begründen oder rechtfertigen lässt, sollte ich meine innere Landkarte darauf checken, ob ich sie richtig herum halte. Letztendlich ist die Bewertung, die mein Gewissen vorgibt, aber aus biblischer Sicht durchaus maßgeblich. Der Heilige Geist schärft gerade mein Gewissen zu ihm hin und nimmt mein Verhalten, das auf Gewissensentscheidungen beruht, sehr ernst.

> „Doch nicht alle haben schon die volle Konsequenz aus dieser Erkenntnis gezogen. Manche haben sich bis heute nicht von ihren alten Vorstellungen über Götzen gelöst. Wenn sie Opferfleisch essen, meinen sie immer noch, sie würden damit den Götzen anerkennen, für den das Tier geschlachtet wurde, und das belastet ihr empfindliches Gewissen.“ (1. Korinther 8,7)

Wenn ich heute nach all dem, was ich geschrieben habe, dennoch nicht die Freiheit habe, eine homosexuelle Beziehung zu führen, dann ist der Grund ein empfindliches Gewissen, wie Paulus es hier beschreibt. Paulus berichtet von Geschwistern, denen es nicht gelingt, sich vom Gedanken an Götzendienst zu lösen, wenn sie Götzenopferfleisch essen. Es sei angemerkt, dass Paulus mit dem Götzendienst von etwas spricht, das durch die ganze Bibel auf Gottes Ablehnung stößt. Er erlaubt hier auch nicht etwa den Götzendienst, nicht im Geringsten, aber er nimmt bei einem so heißen Thema eine Differenzierung vor. In der Apostelgeschichte war der Verzehr von Götzenopferfleisch noch ausdrücklich verboten worden (Apostelgeschichte 15,29). Paulus macht hier also eine sensible Kehrtwende. Das ist in unserer Vorstellung wohl nicht der sicherste Weg.

Für die betroffenen Geschwister ist das Essen des Opferfleisches, womit sie keinesfalls Götzendienst beabsichtigen, damit dennoch unweigerlich verknüpft. Ihrem Gewissen ist eingeschärft, dass diese Verknüpfung besteht, und wenn das Gewissen einmal festgelegt ist, dann ist es ein längerer Weg, eine Kurskorrektur zu vollziehen. Paulus schreibt dies hier nicht, um die Geschwister mit empfindlichem Gewissen zu maßregeln, sondern die anderen Geschwister darauf aufmerksam zu machen, jene nicht zu überfordern und sie auch nicht herauszufordern, etwas gegen ihr Gewissen zu tun.

> „Nehmt den, der in seinem Glauben schwach ist und meint, sich an bestimmte Vorschriften halten zu müssen, ohne Vorbehalte an; streitet nicht mit ihm über seine Ansichten. [...] Ob jemand mit seinem Tun bestehen kann oder ob er nicht besteht, das zu beurteilen ist einzig und allein Sache seines Herrn, dem er verantwortlich ist. Und er wird bestehen, denn es steht in der Macht des Herrn, ihn zu bewahren. [...] Wichtig ist, dass jeder mit voller Überzeugung zu dem stehen kann, was er für richtig hält. [...] So wird also jeder von uns über sein eigenes Leben vor Gott Rechenschaft ablegen müssen. Hören wir darum auf, einander zu verurteilen! Statt den Bruder oder die Schwester zu richten, prüft euer eigenes Verhalten, und achtet darauf, alles zu vermeiden, was ihnen ein Hindernis in den Weg legen und sie zu Fall bringen könnte. Durch Jesus, den Herrn, bin ich zu der Überzeugung gekommen und habe die Gewissheit, dass es nichts gibt, was von Natur aus unrein wäre. Für den allerdings, der etwas als unrein ansieht, ist es dann auch unrein. [...] Denn im Reich Gottes geht es nicht um Fragen des Essens und Trinkens, sondern um das, was der Heilige Geist bewirkt: Gerechtigkeit, Frieden und Freude. Wer Christus auf diese Weise dient, an dem hat Gott Freude, und er ist auch in den Augen der Menschen glaubwürdig. Darum wollen wir uns mit allen Kräften um das bemühen, was zum Frieden beiträgt und wodurch wir uns gegenseitig im Glauben fördern." (Römer 14,1–19)

Paulus drückt hier sogar unter Berufung auf eine von Jesus selbst erhaltene Gewissheit aus, dass es „nichts gibt, was von Natur aus unrein wäre". Unter dem Aspekt, dass alle Schöpfung unter dem Sündenfall steht, zeigt das weitreichende Konsequenzen für unseren heutigen Umgang mit dem mosaischen Gesetz und den dortigen Reinheitsgeboten auf, mit dem, was wir für natürlich halten und was nicht. Mit Blick auf meine Wahrnehmung über die Herkunft meines homosexuellen Empfindens spräche Paulus sich hier für die Reinheit desselben aus. Es sei denn, ich sähe es selbst als unrein an. Entscheidend im Reich Gottes ist das, was der Heilige Geist bewirkt: Gerechtigkeit, Frieden und Freude. Das ist uns oft zu wenig, zu ungenau, zu unkontrollierbar – aber es ist vollkommen.

Nun befürchte ich weniger, dass die Kontra-Homo-Fraktion von mir verlangt, frei und fröhlich eine homosexuelle Beziehung zu führen – die Pro-Homo-Fraktion habe ich diesbezüglich auch entspannt erlebt. Und auch wenn ich feststelle, dass ich nach alldem, was ich hier geschrieben habe, für jeden Betroffenen, der in einer homosexuellen Beziehung lebt, eine große Weite, ein eindeutiges „Ja" empfinde, will ich es von mir selbst nicht verlangen und mein Gewissen nicht überfordern. Meine Prägung kann ich nicht abschütteln wie ein altes Kleid, mein Gewissen ist von ihr durchwachsen. Dass Homosexualität Sünde ist, ist wie ein Lebensohrwurm. Einem Ohrwurm soll man ein anderes Lied entgegensetzen. Dieses Lied habe ich hier geschrieben. Wie lange es dauert, bis ich es singen kann und ob ich es jemals auswendig singen werde (by heart), kann ich heute nicht einschätzen. Was der Heilige Geist in meinem Leben möglich macht und welche Freiheiten er schenken will, kann ich nicht voraussehen. Aber ich bin frei, auf ihn zu hören, von ihm zu lernen und mein Leben immer mehr in Abhängigkeit von ihm zu leben und der anklagenden Sünde, die mich binden will, entgegenzuhalten, dass ich allein Christus gehöre.

Und wenn ich falsch liege mit all dem Geschriebenen oder wenn einzelne Schlussfolgerungen falsch sind in Gottes Augen, wenn ich sein Reden falsch gehört oder gedeutet habe?

> „Wenn ihr mich liebt, so werdet ihr meine Gebote halten; und ich werde den Vater bitten, und er wird euch einen anderen Beistand geben, dass er bei euch ist in Ewigkeit, den Geist der Wahrheit, den die Welt nicht empfangen kann, weil sie ihn nicht sieht noch ihn erkennt. Ihr erkennt ihn, denn er bleibt bei euch und wird in euch sein." (Johannes 14,15–17)

Die Bezeichnung des Heiligen Geistes als Beistand lässt sich auch als Fürsprecher und Anwalt übersetzen. Mein Anwalt ist der Heilige Geist. Unschlagbar. Vor einer Gerichtsverhandlung rufen mich meine Mandanten häufig an mit der Frage, wie sie sich verhalten und was sie sagen sollen. Ich sage ihnen, dass sie auf meine Zeichen achten sollen, nur sprechen sollen, wenn das Gericht sie dazu auffordert, und sich von der Gegenseite nicht aus der Fassung bringen lassen sollen. Abschließend sage ich ihnen immer, dass ich direkt neben ihnen sitze. Das ist vielen Mandanten oft gar nicht bewusst und jedes Mal bringt diese Mitteilung eine große Erleichterung, eine Sicherheit mit sich. Diese Erleichterung begründet sich nicht damit, dass ich einen besonders Furcht einflößenden Auftritt hätte. Sie begründet sich darin, dass die Mandanten wissen, dass ich im Gegensatz zu ihnen weiß, was bei Gericht abläuft und ablaufen kann. Sie selbst begeben sich in eine ihnen unbekannte und damit verunsichernde Situation. Eine Frage, die mir oft gestellt wird, kann ich jedoch selten mit Sicherheit beantworten: „Werden wir das gewinnen?" Wie viel mehr gibt mir das Wissen, dass der Heilige Geist, der um alles weiß, was in mir ist, der selbst Gott durch und durch ist und den Willen Gottes kennt, an meiner Seite ist, tiefe Sicherheit und Frieden. Welcher Ankläger will mir dann Angst machen? Mein Anwalt ist der Heilige Geist. Und er hat die Antwort auf den Sieg schon gegeben.

„Der Stachel, der uns den Tod bringt, ist die Sünde, und dass die Sünde solche Macht hat, liegt am Gesetz. Gott aber sei Dank! Durch Jesus Christus, unseren Herrn, schenkt er uns den Sieg!" (1. Korinther 15,56+57)

Blick voraus

Im Alter von etwa 18 Jahren schrieb ich dieses Lied:

War ich es nicht, die schon früh versagte,
War ich es nicht, die die anderen plagte,
War ich es nicht, die mir mein Leben verbaute,
War ich es nicht, die dem morschen Holz traute?

War ich's, war ich's, war ich's etwa nicht?
War's nicht, war's nicht, war's nicht meine Pflicht?

Bin ich es nicht, die mir am meisten misstraut,
Bin ich es nicht, die die großen Mauern baut,
Bin ich es nicht, die mich nicht mehr erduldet,
Bin ich es nicht, die mir das Höchste schuldet?

Bin ich's, bin ich's, bin ich's ganz allein?
Bin ich, bin ich ein Opfer meines Seins?

Werde ich etwa am Leben scheitern
Oder werd ich doch noch meinen Horizont erweitern?
Werd ich wohl irgendwann den Blick weg von mir drehen?
Werd ich dann hoffentlich Gottes Hoffnung für mich sehen?

> Werd ich, werd ich, vielleicht doch nicht verlier'n?
> Wirst du mich, wirst du mich, wirst du mich ganz sicher führ'n?

Das Gebet der letzten Strophe hat Jesus mit diesem Projekt erhört. Er hat meinen Blick auf sich gelenkt, auf seine übergroße Gnade, die ohne Wenn und Aber über meinem Leben steht. Er hat mir seine Hoffnung für mich gezeigt. Er will und wird mich sicher führen durch seinen Heiligen Geist, der mich in alle Wahrheit leiten will. Ganz bewusst, weil ich auf seinen Namen, den Namen Gottes des Vaters, des Sohnes und des Heiligen Geistes getauft bin und weil die Neugeburt in ihm mein Leben bestimmt, soll der letzte Satz mein Taufvers sein. In dem Wissen, dass Gott selbst mir Schirm und Burg ist, kann ich leben und kann ich sein. Hier ist Frieden.

> „Wer unter dem Schirm des Höchsten sitzt und unter dem Schatten des Allmächtigen bleibt, der spricht zu dem Herrn: Meine Zuversicht und meine Burg, mein Gott, auf den ich hoffe." (Psalm 91,1–2)

Danke

Ohne die folgenden Personen und Institutionen gäbe es dieses Buch entweder gar nicht oder jedenfalls nicht so. Die Gelegenheit, meinen großen Dank dafür direkt mit dem Buch zu verknüpfen, will ich keinesfalls verpassen.

An erster Stelle danke ich dem Neukirchener Verlag für seinen Mut und seine Bereitschaft, dieses Buch trotz allem eigenen Risiko zu veröffentlichen und sich auf diese Weise an die Seite der Betroffenen zu stellen. Ausdrücklich danke ich der Verlagsleiterin Ruth Atkinson, die sich hoch empathisch engagiert hat.

Herzlich danken will ich meinem Lektor Hauke Burgarth, der mein Manuskript mit höchstem Respekt und Einfühlungsvermögen überarbeitet hat und mir in allen Anliegen zum zuverlässigen Ansprechpartner, Lösungsfinder und Mitstreiter geworden ist.

Ich danke dir, lieber Roland, meinem Wing-Man, dass du ohne jede Ahnung, was auf dich zukommen könnte, „Ja" zu diesem Projekt gesagt hast. Während und nach der Entstehung dieses Buches bist du mir ein unverhoffter Seelsorger geworden, der mir mehr als einmal Gottes ermutigendes Wort direkt ins Herz gesprochen hat. Danke dir von Herzen, dass du dieses Buch mit deinem Vorwort weiter bereicherst und dich damit auch in der Veröffentlichung an meine Seite stellst.

Mein Zwischenraum-Hauskreis. Ohne euch wäre der Weg der letzten anderthalb Jahre um ein Vielfaches härter gewesen. Ihr seid ein Quell der Ermutigung, der Korrektur, der Freude, eine Trosttankstelle, ein kostbarer Begegnungsort. Ich bin so dankbar, mit euch auf dem Weg hinter Jesus her unterwegs sein zu dürfen. Ihr wunderbaren, geliebten Menschen, ich danke euch für alle Unterstützung.

Ich kann nicht abschätzen, wo ich heute im Glauben und im Leben stünde, und auch ob es dieses Buch überhaupt gäbe, wenn ich dich, liebe Christina, in den letzten 15 Jahren nicht an meiner Seite gehabt hätte. Für alles Für-mich-Sein und jedes Mich-vor-Jesus-Tragen, alles Mitleiden und Mitfreuen kann ich nicht genug Worte des Dankes finden. Deine Freundschaft hat mich durch tiefste Täler begleitet und immer wieder zu Jesus hingezogen. Dafür bin ich dir und unserem Herrn Jesus unendlich dankbar.

Jesus Christus, mein Erlöser im wahrsten Sinne des Wortes. DANKE für die Erlösung, die du mir in diesem Buch auf ganz besondere Art neu und unerwartet zugesprochen hast. Durch dich angenommen zu sein, versöhnt zu sein mit meinem Schöpfer, gibt meinem Leben eine neue ungeahnte Kraft und Vision. Ich danke dir, dass du diese Daseinsberechtigung, auf die ich nicht mehr zu hoffen wagte, in mein Herz gepflanzt hast. Dieses Buch soll dir zur Ehre sein und deiner Gemeinde dienen.

Zitierte und erwähnte Texte und Vorträge

Confessio Arbeitsgemeinschaft (2019), *Was Gott nicht segnet, kann die Kirche nicht segnen*, Stuttgart (https://www.bibelundbekenntnis.de/aktuelles/klares-wort-wuerttembergischer-pfarrer/; zuletzt abgerufen am 20.9.21)

Deutsche Evangelische Allianz (2020), *„Gesetz zum Schutz vor Konversionsbehandlungen"*. Eine Handreichung für christliche Gemeinden, Bad Blankenburg.

Fischer, Alexander Achilles (2007), *Erkennen/Erkenntnis (AT)*, in: Deutsche Bibelgesellschaft, WiBiLex (https://www.bibelwissenschaft.de/stichwort/17640; Artikel zuletzt abgerufen am 21.9.21)

Gese, Hartmut (1991), *Alttestamentliche Studien*, Tübingen.

Goddard, Andrew; Horrocks, Don (2017), *Homosexualität – Biblische Leitlinien, ethische Überzeugungen, seelsorgerliche Perspektiven*, Gießen.

Grabe, Martin (2020), *Homosexualität und Glaube – ein Beziehungsdrama*, Marburg.

Grünzweig, Fritz u. a. (1982), *Brockhaus Biblisches Wörterbuch*, Wuppertal.

Hinck, Valeria (2003), *Streitfall Liebe. Biblische Plädoyers wider die Ausgrenzung homosexueller Menschen*, München.

Hoffmann, Markus (2019), *Biblisch seelsorgerliche Aspekte zum Umgang mit Homosexualität*, YouTube-Vortrag bei Netzwerk Bibel und Gemeinde (https://www.youtube.com/watch?-v=HtFoaI2nepo; zuletzt abgerufen am 20.9.21).

Künkler, Tobias; Faix, Tobias; Weddigen, Johanna (2020), *Christliche Singles: Wie sie leben, glauben und lieben*. Das Buch zur empirica Singlestudie, Witten.

Platte, Timo, Hg. (2018), *Nicht mehr schweigen*. Der lange Weg queerer Christinnen und Christen zu einem authentischen Leben, Berlin.

Rienecker, Fritz; Maier, Gerhard, Hg. (2003) *Lexikon zur Bibel*, Wuppertal.

Schmelzer, Carsten „Storch“ (2015), *Homosexualität: Auf dem Weg in eine neue christliche Ethik?*, Moers.

Sigusch, Volkmar (2002), *Leitsymptome süchtig-perverser Entwicklungen*, in: Deutsches Ärzteblatt 2002; 99: A 3420–3423 [Heft 50], Köln.

Vonholdt, Christl, Hg. (2005), *Verwundete Weiblichkeit. Homosexuell empfindende Frauen verstehen*, Gießen.